LAS 15 RUTAS INCREÍBLES POR MÉXICO

MÉXICO POR CARRETERA

EDGARDO MONTERO

ILUSTRACIÓN **DALY AGUILAR**

COORDINACIÓN **MARÍA HERNANDEZ**

EDICIÓN **ROLO DIEZ**

ÍNDICE

Introducción   13

15 VIAJES INCREIBLES POR MÉXICO   19
México por Carretera
1. Baja California Norte y Sur   21
2. Baja California Sur   22
3. Quintana Roo   23
4. Yucatán   24
5. Chiapas   25
6. El Centro del México y sus 4 rutas.   26
7. Veracruz   29
8. Huasteca Potosina   30
9. Oaxaca Centro   30
10. Michoacán   31
11. Guanajuato, Aguascalientes y
Zacatecas   32
12. Querétaro   33
13. Guerrero   33
14. Guadalajara   34
15. Costa Oeste: Mazatlan, Mita,
Rivera Nayarita y Vallarta   34

GUÍA DE DESTINOS POR
ACTIVIDADES.   35

1. BAJA CALIFORNIA NORTE Y SUR   39
Tijuana   43
Ensenada   44
San Quintín y La Gringa   46
Cataviña   46
Guerrero Negro   47
San Ignacio   48
Santa Rosalía   49
Bahía Concepción   49
Loreto   50
La Paz   51
Los Cabos   52
Recomendaciones   52

2. BAJA CALIFORNIA SUR   55
La Paz   58
Los Barriles, El Sargento y La Ventana   59
Cabo Pulmo   61
San José del Cabo   62
Cabo San Lucas   62
Todos Santos   63
Recomendaciones   64

3. QUINTANA ROO   65
Bacalar   68
Mahahual   69
Sian Ka'an   70
Tulum   70
Playa del Carmen   71
Cozumel   73

La vuelta a Cozumel en un día   74
Cancún   75
Isla Mujeres   76
Recomendaciones   77

4. YUCATÁN   78
Mérida   80
Uxmal   82
Homun   83
Chichen Itzá   84
Progreso, San Crisanto y Dzilam de Bravo   87
Celestún   87
Ría Lagartos   88
Holbox   89
Recomendaciones   90

5. CHIAPAS   92
Ruta 1: Palenque y alrededores   101
Bonampak y Yaxchilán   102
Agua Azul   104
Roberto Barrios   105
Misol Ha   105
Welib Ha   105
Agua Clara   106
Ruta 2: Tuxtla Gutiérrez y alrededores   106
Sima de las Cotorras   108
Cascada El Aguacero   108
Arco del Tiempo   109
Chiapa de Corzo   110

Ruta 3: San Cristóbal de las casas a Miramar   111
San Cristóbal de las Casas   112
El Chiflón   115
Lagos de Montebello   115
Las Nubes   116
Miramar   117
Recomendaciones   118

6. EL CENTRO DE MÉXICO Y SUS 4 RUTAS   119
Centro Histórico de la Ciudad de México   125
Paseo de la Reforma   127
Chapultepec   128
Roma-Condesa   129
    130
Coyoacán   130
Xochimilco   131
Ruta 1: Ciudad de México Noreste Teotihuacán y Tolantongo   131
Teotihuacán   132
Tula   133
Tolantongo   135
Ruta 2: Ciudad de México Sureste. Cholula y Cuetzalan   136
Puebla   136
Cholula   138
Cuetzalan   138

Ruta 3: Ciudad de México Suroeste. Valle de Bravo y Avándaro   140
Ruta 4: Ciudad de México Oeste. Tepoztlan, Tequesquitengo, Taxco   141
Tepoztlán   142
Cuernavaca   143
Jardines de México   145
Tequesquitengo   145
Taxco   146
Recomendaciones   147

7. VERACRUZ   149
El Tajín   154
Papantla   155
Tlapacoyan y río Filobobos   157
Xalapa   158
Coatepec y Xico   158
Jalcomulco   159
Chachalacas   160
Antigua   161
Veracruz y Boca del Rio   162
Tlacotalpan   165
Tres Zapotes   166
San Andrés Tuxtla   166
Salto de Eyipantla   166
Catemaco   167
Nanciyaga   167
Recomendaciones   168

8. HUASTECA POTOSINA — 170

Huasteca Potosina — 172

Xilitla — 173

Rafting en la Huasteca — 174

Cascadas Potosinas — 174

Sima de las golondrinas y de las huahuas — 177

Laguna de la Media Luna — 177

Real de Catorce — 178

Recomendaciones — 179

9. OAXACA — 181

Oaxaca — 188

Monte Albán — 190

RUTA 1: La ruta de las artesanías — 191

Atzompa — 191

Cuilápam de Guerrero — 192

Zaachila — 193

San Bartolo Coyotepec — 193

Santo Tomás Jalieza — 193

Ocotlán — 194

RUTA 2: La ruta de los Pueblos Mancomunados — 195

San Miguel Amatlán — 196

Latuvi — 196

La Nevería — 197

Benito Juárez — 197

Llano Grande — 197

Cuajimoloyas — 198

RUTA 3: Del Tule a las ruinas de la
cascada Hierve el Agua   198
Teotitlán del Valle   199
Yagul   199
Mitla   200
Hierve el agua   200
Ruta 4: La costa oaxaqueña   201
Zipolite   203
Mazunte y San Agustinillo   203
Ventanilla   204
Zicatela   205
Puerto Escondida   205
Laguna de Manialtepec   206
Chacahua   206
Recomendaciones   207

10. MICHOACÁN   209
Ruta 1: Pueblos de Michoacán   214
Reserva de la Biosfera de la Mariposa
Monarca   216
Cuitzeo   217
Pátzcuaro   218
Janitzio   219
Tzintzuntzan   220
Quiroga   221
Erongarícuaro de las Flores   223
Tócuaro   223
Santa Clara del Cobre   224
Laguna de Zirahuén   225
Uruapan   226

Ruta 2: Costa Michoacana — 227
Playa Azul y Nexpa — 228
Pichilinguillo — 228
Maruata — 229
La Llorona — 230
Recomendaciones — 230

11. GUANAJUATO — 232
Guanajuato — 234
San Miguel de Allende — 235
Guanajuato ciudad. — 238
Aguascalientes — 242
Calvillo — 244
San José de Gracia — 245
Zacatecas — 246
Recomendaciones — 248

12 QUERÉTARO — 250
Querétaro — 253
Tequisquiapan — 254
Peña de Bernal — 256
Pinal de Amoles — 257
Jalpan — 258
Recomendaciones — 259

13. GUERRERO — 260
Acapulco — 266
Ruta 1: Costa Chica — 268
Copala — 269
Playa Ventura — 269
Casa de Piedra — 270

Marquelia   270
Barra de Tecoanapa   271
Ruta 2: Costa Grande   271
Pie de la Cuesta   272
Playa Paraíso Escondido y Michigan   273
Barra de Potosí y Zihuatanejo   275
Ixtapa   277
Troncones   278
Recomendaciones   279

14. GUADALAJARA   281
Guadalajara Centro   284
Tequila   286
Tlaquepaque   287
Tonalá   287
Lago de Chapala y Ajijic   288
Recomendaciones   288

15. COSTA OESTE   290
Puerto Vallarta   292
Nuevo Vallarta   296
Punta Mita   297
Sayulita   298
San Blas   299
Mazatlán   300
Islas de la bahía de Santa María   304
Recomendaciones   305

INTRODUCCIÓN

Es el firme deseo de mi corazón que tu vida se llene de recuerdos y experiencias maravillosas; que a partir de este día tomes la decisión de acrisolar un cúmulo de recuerdos que le den un propósito a tu existencia: que te des cuenta de que, vivir aquello que parece destinado para otras personas, no sólo es posible, sino increíblemente sencillo; así, el mero hecho de despertar será suficiente para sentirse lleno de ánimo.

Escribí este texto por necesidad; sentía que algo le faltaba a mi vida, una meta clara, un motivo, y cuando encontré la solución, decidí que debía compartirla con los demás. Por eso, en este libro te motivaré para vivir al máximo y llenarte de recuerdos que le den significado a la existencia;

kilómetros, momentos, curiosidades, y sobre todo, viajes.

A lo largo de mi vida he aprendido que, al desplazarse de un punto a otro, suceden muchas vicisitudes que se hilan de forma casi perfecta. Cuando uno viaja por placer o negocios, incluso a un funeral, está más atento de cuanto lo rodea; los sentidos se exacerban y parecen afinarse al máximo; incluso respirar se siente como una experiencia diferente; siempre alerta y con ganas de comprender y perpetuar cada segundo.

Al estar en casa y hacer vida cotidiana nos concentramos en el trabajo y el dinero. Al viajar, nos situamos en el presente inmediato; hacemos a un lado los objetos y experiencias a los que hemos dado una jerarquía e importancia que realmente no tienen. Si logras perder el miedo al viajar estarás abierto a nuevas experiencias y tendrás ganas de conocer. Después, la energía y el ánimo de vivir y crear grandes recuerdos se dará por sí misma.

Es esa particularidad la que me impulsa a viajar constantemente; un gusto que se convirtió necesidad, y que ahora, después del aplastante año que vivimos en 2020, se transformó en urgencia.

Física y emocionalmente se vuelve necesario

regresar a la playa, a las sierras y valles, a la selva y al desierto para respirar aire puro, ver el cielo inmenso y las desconocidas aves, el color de las flores, lo límpido de los campos, lo imponente de las pirámides, la tranquilidad de los ríos y la potencia de los mares; disfrutar del paisaje y gozar las carreteras con los pensamientos y reflexiones que nacen de la soledad y el movimiento.

Decidí escribir este libro de la recopilación de mis viajes para impulsarte, lector, a dejar el asiento en el que hechas raíces y comiences a vivir fuera de tu mente; es importante dejar la casa y el sillón. Ojalá pueda convencerte de tomar un avión, un coche, un camión, o incluso tu bicicleta, para que experimentes lo que siempre has querido hacer.

El texto es una explosión de vida, fundamentada en los viajes, que apunta a volver los sueños realidad; una travesía que resalta la magia natural de México, y la belleza de nuestro planeta, que tan sólo espera que te atrevas y salgas a vivir al máximo en ella; viajar es evolucionar.

No importa si estás solo, acompañado, tienes hijos o estás casado; tampoco tu edad, si eres joven, maduro, viejo ni si tienes dinero o no. El destino del viaje nunca es un lugar, sino una nueva forma de ver las cosas. Si quieres, y has tomado la decisión de viajar, sé que después de leer este libro, encontrarás la forma de hacerlo; en su lectura, descubrirás una serie de destinos que resultarán vitales para animar tu cuerpo y elevar tu espíritu: cómo llegar, qué hacer, hacia dónde ir… permíteme acompañarte y compartir mi experiencia, hacer que dejes de preocuparte por los baches de la carretera y celebres el viaje.

El mundo es un libro, quienes no viajan sólo leen la primera página; los 15 trayectos que aquí narro están llenos de aventura y movimiento; se pueden realizar en coche rentado, autobús, *tours* grupales, privados, o incluso de aventón… dependerá del presupuesto, tiempo, personalidad y fuerza de ánimo. Sólo recuerda que viajar es la única cosa que compras que te hace más rico.

El dispositivo indispensable para este tipo de viajes es tu teléfono móvil, tanto para tener abierto este libro abierto siempre, como para poder encontrar lo que te recomiendo: aquí no leerás nombres de restaurantes, hoteles ni operadores turísticos, sino experiencias que funcionan como invitaciones a conocer lugares específicos.

Por qué hacerlo; es sencillo, simplemente no serás el mismo después de haber conocido los lugares a los que te invitaré; el mundo es inmenso, un planeta perfecto; agua, tierra y movimiento, en el que, después de 30 años de experiencia, he aprendido a desenvolverme de forma que entendí que un viajero que no observa es como un pájaro sin alas, sólo aquellos que vagan encuentran nuevos caminos.

Este libro es la forma de compartir mi pasión por los viajes; si estás en la búsqueda de una ruta diseñada especialmente, también puedo ayudar; en mi trabajo como travel designer en www.uadventurer.com, lo primero que hago es saber cuáles son los gustos, sueños y deseos de viaje, luego te ayudo a elegir los mejores destinos, proveedores para que empieces a poner tus pies en el camino.

15 VIAJES INCREIBLES POR MÉXICO

MÉXICO POR CARRETERA

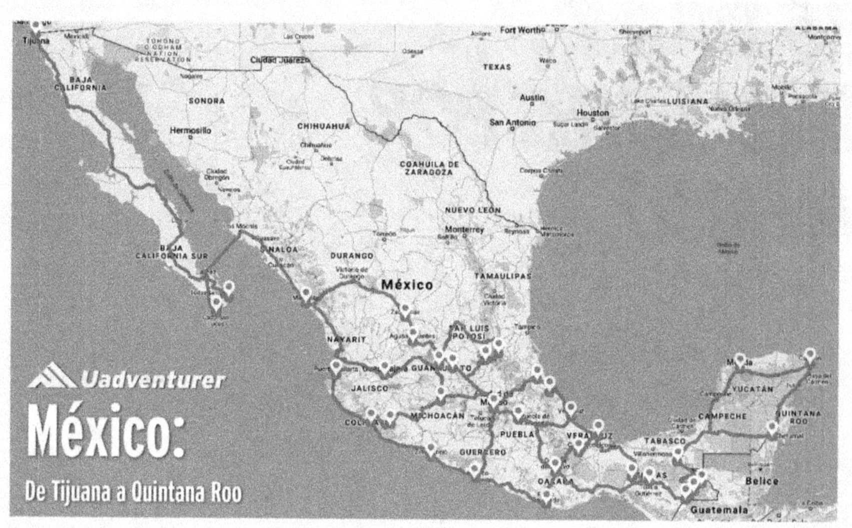
Uadventurer
México:
De Tijuana a Quintana Roo

ESTOS SON los 15 roadtrips que me han cambiado la vida, que me han llenado recuerdos y que volvería a hacer cualquiera de estos días pues su belleza es infinita. En esta introducción verás el menú completo que te propongo y en cada capítulo tendrás la ruta a detalle.

1. BAJA CALIFORNIA NORTE Y SUR

Empecemos con el trayecto que cruza de Baja California Norte a Baja California Sur, de Tijuana a Los Cabos; este viaje de 1,500 kilómetros es único, un *roadtrip* de leyenda; gente de diversas regiones del mundo recorre la Baja en automóvil o bicicleta; de hecho, hay una carrera internacional de *Off Road*.

La carretera Baja 1000 recorre esta ruta, en la que se mezclan playas y desiertos de ingentes y coloridos cactus, el Mar de Cortés, el Océano Pacífico, la Sierra de Juárez, islas, misiones coloniales (antiguas iglesias) y pictogramas.

El recorrido empieza en **Tijuana**; sigue *The Scenic Roadtrip* hasta llegar a **Ensenada**, donde podrás probar el internacionalmente famoso producto de sus viñedos, propuesta *gourmet* que ha transformado los hábitos y placeres de aquella región. Continúa el trayecto hacia **La Bufadora** (que está a 40 minutos), el segundo géiser marino más grande del mundo, e intérnate en el **Valle de los Cirios**, donde observarás la desolación de los oasis y las pinturas rupestres de **Cataviña**; luego puedes explorar los salares de **Guerrero Negro**, los palmerales y los ríos de **Mulegé**; después dirígete hacia **la isla Jacques Cousteau**, que está en **Loreto**, lo que te hará llegar a **La Paz**. Una vez que estés en la ciudad, dirígete a la isla **Espíritu Santo**, para terminar ve a **Todos Santos** a conocer el mítico hotel california y termina en **San José del Cabo**, donde podrás tomar una lancha **El Arco** donde el Mar de Cortés se encuentra con el Océano Pacífico.

2. BAJA CALIFORNIA SUR

Si te parece muy largo manejar 1500 kilometros, puedes enfocarte sólo en California Sur, para lo cual tienes dos opciones: comenzar el viaje en **La Paz** o en **Los Cabos**; si optas por este último, el siguiente destino será el pintoresco pueblo de **San José del Cabo** lleno de galerías de arte y hoteles boutique, después de ahí puedes seguir a el desolado **Cabo Pulmo**, el lugar es una meca del buceo; también puedes rentar una ATV o un 4 x4 e internarte en el desierto, o ir directamente a la capital del *windsurf*, en **Los Barriles**, donde verás como el viento arrastra tanto a las cometas como a los windsurfistas.

Después, trasládate hasta **La Paz** y date tiempo de conocer a profundidad sus playas vírgenes, navegar en kayak hasta la isla, en especial **Balandra, no dejes de** nadar con el tiburón ballena y tomar un tour a la **Isla Espíritu Santo** o surfear en **Todos Santos.**

3. QUINTANA ROO

El mar turquesa del Caribe atrae año con año a millones de turistas y al empezar su recorrido por la península quedan maravillados por la variedad de sus playas, cenotes, ruinas, naturaleza, la cultura maya, los parques turísticos, los hoteles boutiques de playa, así como la fiesta nocturna de **Cancun**, **Playa del Carmen** y **Tulum**, sin embargo hay mucho más para observar en **Bacalar** puedes ver la laguna de 7 colores ir cambiando de azul, al verde en decenas de distintas tonalidad, puedes

esnorkelear en **Mahahual**, o bucear en **Chinchorro**, donde puedes observar castillos de coral negro perdidos en el mar. Además, podrás remar, flotar y nadar en el reflejo de las nubes, en la laguna de **Sian Ka'an**; internarte en la selva y verla desde la punta más alta de las ruinas mayas de **Cobá** o ver el mar desde una pirámide en **Tulum.**

Si buscas una experiencia más tranquila y relajante, puedes rentar un Jeep o una bicicleta y darle la vuelta a la isla de **Cozumel**, para terminar tu viaje en un *resort* de **Cancún**, u optar por la asombrosa tranquilidad de **Isla Mujeres**, donde podrás descansar al máximo y visitar el lugar por donde entra el sol a México, además del museo de arte subacuático o **MUSA**.

4. YUCATÁN

Puedes continuar este viaje tomando la ruta hacia Los sacbé, en **Mérida**, Yucatán, una de las principales capitales culturales y gastronómicas de México. Al adentrarte en esta región, verás lagunas rosadas en **las coloradas**, playas y lagunas repletas con cientos de flamencos rosáceos y anaranjados, al tiempo que te asombras con la magnífica arquitectura maya de las zonas arqueológicas: **Chichen-Itzá, Ek Balam, Uxmal y Dzibichaltún**.

La belleza de Mérida no sólo está en su gastronomía, playas, cenotes y pueblos como **Valladolid, Izamal o Tizimín**, también reside en su subsuelo; se puede nadar bajo la tierra en rutas de cenotes, como los de **Homún**, así como ver una impresionante variedad de aves tropicales en **Ría Lagartos**, donde el mar y el agua dulce se juntan sin mezclarse. Te recomiendo ampliamente que dejes la plataforma continental y visites la paradisiaca isla de **Holbox**, nades en sus aguas turquesas durante el día y te deleites con su nocturna bioluminiscencia por las noches. La otra isla imprescindible es **Contoy**, la isla de los pájaros, una de las mayores concentraciones de aves del mundo; donde el recorrido de dos horas se hace en lancha, por el medio de sus lagunas. Quedarás boquiabierto por la maravilla natural que lo envuelve todo.

Si quieres una opción diferente para explorar la región del Sureste, es seguro que **Chiapas** te interesará; además de la diversidad natural de su selva, única en el mundo por su distintiva flora verde, está lo impactante de sus sitios arqueológicos; hoy es uno de los destinos ecoturísticos más fascinantes de México.

5. CHIAPAS

Puedes comenzar en **Tuxtla Gutiérrez**, su capital, donde encontrarás decenas de senderos que cruzan y suben montañas, además de realizar un recorrido en lancha en el **Cañón del Sumidero**, que es un verdadero viaje en el tiempo. Al salir de la ciudad e internarte en los pueblos, podrás adentrarte en la Sierra Madre, con dirección al **Arco del**

Tiempo, o subir una montaña y llegar a **San Cristóbal de las Casas.**

Chiapas es un estado grande que requiere tiempo para conocer sus ruinas y paisajes. Los infaltables de Chiapas son las Lagunas de Montebello; las estruendosas cascadas de Las Nubes y Velo de Novia; después puedes ir a **Lacanja**, tomar una lancha y visitar las ruinas que están al borde del río Usumacinta, **Bonampak y Yaxchilán**; para terminar, visita **Palenque** sus ruinas y las cascadas de **Agua Azul y Misol-Ha.**

6. EL CENTRO DEL MÉXICO Y SUS 4 RUTAS.

Lejos de ambas penínsulas, en el centro del país, está la capital, CDMX. En Las 4 rutas del Centro de México que te propondré se visita el **Templo Mayor, el Zócalo, el Palacio Nacional, la Catedral Metropolitana, el Palacio de Bellas Artes y el Edificio de Correos**, ubicados en el corazón de la capital; de ahí hay que seguir por Paseo de la Reforma hacia el **Ángel de la Independencia**. Esta emblemática avenida conecta algunas de las colonias más exclusivas: **Polanco** y la **Juárez**, que empieza a volverse cosmopolita, al igual que las colonias *trendy*, la **Condesa** y la **Roma**. Otro barrio que no te puedes perder es el colonial **Coyoacán**.

La ciudad de México está repleta de cultura,

se puede ver brotar el arte por doquier; es una de las ciudades con mayor número de museos en el mundo, y hay para todos los gustos; desde museos de arte como el **Rufino Tamayo, el Carrillo Gil y el Museo Universitario de Arte Contemporáneo**, hasta museos de sitio, como **Cuicuilco**, el impresionante **Museo Nacional de Antropología y el Museo Nacional de Historia**, mejor conocido como **Castillo de Chapultepec**, lugar donde podrás dar una emblemática caminata por su bosque, para luego flotar en una chinampa de **Xochimilco**, con tequila y mariachis, después de visitar museos como el **Dolores Olmedo y el Anahuacalli**, así como descubrir las decenas de plazas, restaurantes, galerías, bares y mercados.

De la Ciudad de México se desprenden 4 rutas que puedes realizar entre tres y siete días.

Noreste: Hacia el noreste de la capital está el **Estado de México** y su monumental zona arqueológica, **Teotihuacán**, conocida como La Ciudad de los Dioses, donde recomiendo ampliamente ascender las enormes **Pirámides del Sol y de la Luna**, así como recorrer la **Calzada de los Muertos** y aprender de la historia del país.

Otra opción es viajar a **Tula**, en **Hidalgo**, para visitar las ruinas de los **Atlantes**; la zona mágica de los **Prismas Basálticos**, y acampar en el **Bosque** de **Mineral del Chico**, para después conocer su corredor de aguas termales.

Sureste: Hacia el sureste de CDMX está la capital del mole: la ciudad de **Puebla**, repleta de catedrales y pequeños museos; justo al lado está **Cholula**, pueblo que presume ser el lugar con más iglesias; además del **Santuario de la Virgen de los Remedios**, construido sobre la pirámide que está en ese lugar. En dirección a la Sierra Norte, enclavada en la montaña, entre cascadas y nubes, está el húmedo pueblo de **Cuetzalan**.

Suroeste: Por último, al este de la capital está la carretera que lleva a **Valle de Bravo**, circundado por el bosque de **Avándaro**, ideal para andar en bicicleta de montaña, practicar esquí, *wakesurf*, kayak, *paddlesurf* y otros deportes acuáticos; rumbo al oeste encontrarás miles de mariposas, protegidas por el **Santuario de Piedra Herrada**.

Oeste: Si sales por el oeste de la Ciudad de México llegarás a **Cuernavaca**, "la ciudad de la eterna primavera", junto a la cual podrás explorar el holístico **Tepoztlán**, divertirte en los múltiples balnearios de toboganes de la zona, o bien caminar por uno de los jardines más grandes del mundo y hacer deportes acuáticos en **Tequesquitengo**.

7. VERACRUZ

La ruta de este estado costero puede iniciar en las ruinas de **El Tajín**, una de las ciudades antiguas mejor conservadas de la región del **Totonacapan**; después de deambular por el Templo de trescientos sesenta y cinco nichos se puede visitar **Papantla**, para ver a los famosos voladores descender, colgados de un pie, mientras uno de ellos baila en una sola pierna, en lo alto del poste de 30 metros.

Después recomiendo tomar rumbo a **Coatepec**, la capital del café, donde disfrutarás el mejor café de México; a cuarenta minutos encontrarás uno de los paraísos del *rafting,* en el río de **Jalcomulco**; y no puedes ir a Veracruz sin visitar su capital cultural, **Xalapa**; además del sitio arqueológico de **Cempoala**.

Si prefieres la playa, no te pierdas las dunas de **Chachalacas**, y sigue con dirección al **puerto histórico de Veracruz**, donde comienza la historia Colonial de México. Otra opción de aventura es internarse en la selva de los Tuxtlas para explorar **Sontecomapan** y **Nanciyaga**, para y luego descansar en **Catemaco**.

8. HUASTECA POTOSINA

El recorrido inicia en el jardín surrealista de **Xilitla**, un pueblo mágico reconocido a nivel internacional por su hermosura y misticismo; donde puedes descender por tres diferentes ríos: **el Tampón, el Meco y el Micos**; luego puedes hacer cañonismo, saltar a las cascadas y acampar en la **Laguna de la Media Luna**. Si te gusta manejar, a sólo seis horas está uno de los centros del universo huichol en el desierto de San Luis Potosí: abajo podrás hospedarte, en pleno desierto, en los pueblos de **Las Yucas, Wadley y Estación 14**; arriba está el **Cerro Quemado**, cerca del pueblo minero de **Real de Catorce**, donde también puedes quedarte.

9. OAXACA CENTRO

La ciudad de **Oaxaca** es una mezcla de alta cocina y galerías de arte, con múltiples artesanías, barro negro, barro verde, míticas quimeras, alebrijes de copal, tapetes tejidos, textiles y muchos más.

Además, tendrás un acercamiento a lo ancestral en las ruinas de **Mitla y Monte Albán**, que están a menos de 30 minutos; se puede hacer senderismo en la Sierra de **Ixtlán**, en los pueblos mancomunados, donde hay actividades de ecoturismo, como atravesar caminos nubosos, andar en bicicleta por la montaña o ir a los vestigios de la cascada **Hierve el Agua** así como conocer decenas de pueblos artesanales como **Atzompa** capital del barro verde, **Coyotepec** donde hay cerámica de barro negro, los alebrijes de **Tilcajete** y **Arrazola**, los tapetes de **Teotitlán** y muchos, muchos más.

Costa oaxaqueña: El repertorio de playas del estado de Oaxaca, incluye *resorts*, cabañas estilo hippie, playas surf y mucha, mucha naturaleza. Los *resorts* están en **Bahías de Huatulco**, donde hay nueve bahías y 17 playas que ofrecen distintas opciones, desde esnorkelear hasta visitas al sitio arqueológico de **Copalita**. La actividad surf tiene su residencia en **Zicatela**, hacia el Oeste del estado, una de las playas del familiar **Puerto Escondido**; la vida hippie es única en **Zipolite, Mazunte, Manialtepec y Chacahua**, donde la laguna se une al mar, en un paraíso natural, y por las noches el agua emite brillos fosforescentes.

10. MICHOACÁN

Morelia, la capital luz de América Latina, es un muestrario de aquello que conforma el centro del estado, pues ofrece artesanías de cobre de **Santa Clara**, juguetes de **Quiroga** y guitarras de **Paracho**, aunque lo aconsejable es visitar estos pueblos, que rodean al **Lago de Pátzcuaro**, desde donde ingresarás a la comprensión de la magia de su naturaleza, en la laguna de **Zirahuén**, y en **el Museo Natural del Agua y Cascadas, en Uruapan**. Rumbo al mar hay otro paraíso del surf, en las localidades de **Playa Azul y Nexpa; en Maruata y la Llorona**, dos espectaculares paraísos naturales de ecoturismo hippie.

11. GUANAJUATO, AGUASCALIENTES Y ZACATECAS

Este recorrido de pintorescos pueblos mineros, está lleno de arte y tradición. La ruta inicia en **San Miguel de Allende**, un pueblo que mezcla artistas y extranjeros, donde todo se vuelve galería, bar, hotel o museo; en **Guanajuato** vivirás la música y el teatro, en sus antiguas y empedradas calles y callejones; luego podrás enfiestarte o relajarte en **Aguascalientes** y **Calvillo**, para después seguir hasta **Zacatecas**, que en 2021 fue nombrada la capital Mundial de la Cultura de América Latina, cuenta con seis excelentes museos, uno de ellos dentro de una mina, y otro, astronómico, en la cima de una montaña.

12. QUERÉTARO

La ruta comienza con la visita de esta bellísima ciudad colonial de **Santiago de Queretaro**, y después del recorrido recomiendo ir a la piedra gigante de **Bernal**, con las queserías y viñedos que rodean al pueblo de **Tequisquiapan**. Poco a poco, te alejarás de la tundra desértica y te internarás en el bosque; desde el mirador de la localidad de **Pinal de Amoles** constatarás el encuentro de ambos ecosistemas, antes de internarte en la **Sierra Gorda**, impacto sensorial que fusiona iglesias con naturaleza.

13. GUERRERO

La ruta comienza en **Acapulco**, donde podrás hospedarte en su pueblo tradicional o los múltiples hoteles y *resorts* de **Acapulco Diamante**, donde el tiempo pasa entre fiesta y playa. Al sur y al norte están las playas menos turísticas: **Marquelia, Paraíso y Michigan**, y casi al final **Zihuatanejo**, un pueblo *chic*, e **Ixtapa**, un cúmulo de *resorts* de playa.

14. GUADALAJARA

La gran ciudad es una mezcla cosmopolita de metrópoli, pueblo, museos, mariachis, brindis y artesanías. En **Tequila** podrás vivir la experiencia del tequila, en su máxima expresión; en **Tlaquepaque**, el tiempo pasa entre museos y fábricas de productos locales; en **Tonalá**, verás artesanía de yeso, papel maché y cerámica; por último, para descansar puedes relajarte en el lago de **Chapala**, en el exclusivo pueblo de **Ajijic**.

15. COSTA OESTE: MAZATLAN, MITA, RIVERA NAYARITA Y VALLARTA

Ruta que cruza la costas de **Jalisco y Nayarit**, cuyo lugar de encuentro reside en la Bahía de **Vallarta**, donde se puede atestiguar cómo un puerto pesquero se llenó de turismo y transformó su entorno. En sus cercanías, hay playas vírgenes que contrastan con los *resorts* de **Marina Vallarta**. La ruta del turismo de playa, clubes de golf y lujo continúa por la **Riviera nayarita**, en **Punta Mita**, y su playa más hermosa, **Guayabito**s. No dejes de visitar los pueblos costeros de **Sayulita** y **San Blas** hasta llegar a **Mazatlán**, Sinaloa, donde se mezcla el *resort* con el puerto, la fiesta moderna y la vida pueblerina de pasado Colonial.

GUÍA DE DESTINOS POR ACTIVIDADES.

A CONTINUACIÓN te comparto los mejores destinos para cada gusto, afición, deporte o actividad.

Surf: De Oaxaca a Mazatlán hay una larga lista de playas adecuadas para practicar surf; las más conocidas de Oaxaca están en Puerto Escondido, Zicatela y Chacahua; en Michoacán, Nexpa y Playa Azul; en Nayarit, Sayulita y el famoso San Blas; en Sinaloa, Mazatlán. En Baja California los destinos más conocido son Todos Santos, Los Barriles y San Juanico, que se precia de tener las olas más largas del mundo.

Bicicleta: Gente de todo el mundo recorre Baja California en bicicleta, ya sea verano o invierno, desde Tijuana o Mexicali hasta Los Cabos. El trayecto es de aproximadamente 1,500 kilómetros, durante el cual los paisajes combinan desiertos, playas, montañas y oasis. La carretera La Baja es poco transitada y resulta segura para el ciclismo, gracias al inusual respeto de los conductores.

Para el ciclismo de montaña hay rutas a lo largo y ancho el país. Los destinos principales están en la sierra de Oaxaca, cerca de los pueblos mancomunados, así como en Valle de Bravo, Estado de México; sin embargo, hay otras rutas recurrentes por su oferta de ecoturismo, en Chiapas, San Luis Potosí y Baja California Sur.

Rafting: En la Huasteca Potosina podrás disfrutar de este adrenalínico deporte; también en la ruta de Veracruz, tanto en el río Filobobos como en Jalcomulco, encontrarás tres ríos con rápidos, que van de los tranquilos y escénicos, hasta los torrenciales y peligrosos.

Esnórquel: Los mejores lugares están en Huatulco, Oaxaca, donde en cada una de sus nueve bahías hay infinidad de corales y peces multicolores; Cozumel y Playa del Carmen, Quintana Roo, para admiran la barrera de arrecifes y corales, Patrimonio Mundial de la Humanidad.

Buceo: Cabo Pulmo, en el Mar de Cortés, es el mejor lugar para bucear si quieres ver peces enormes y exóticos animales marinos,. Fue bautizado como el Acuario del Mundo. Por Jacques Cousteau. Si quieres que la inmersión sea en arrecifes naturales, ya sabes la respuesta, Quintana Roo: Mahahual es el *spot*; pero si además de bucear quieres un lugar hermoso para descansar, están Cozumel y Playa del Carmen; región famosa por la diversidad de sitios para bucear. En la península de Yucatán se puede tener la experiencia de bucear en cenotes.

Fiesta: Mazatlán, la fiesta norteña; Cancún y Playa del Carmen, desmadre internacional; en Guadalajara está el tequila y en Los Cabos gringos y mexicanos alzan sus copas para brindar.

Playas: las playas más bellas y visitadas de México son las de la península de Quintana Roo; las vírgenes y hermosas, sin duda, están en Baja California Sur, y las más hippies y *surfers* están en Oaxaca y Michoacán.

. . .

Lujo y *Resort*: Las grandes cadenas de hoteles tienen sede principalmente en Cancún, Ixtapa, Puerto Vallarta, Punta Mita, Acapulco y Los Cabos.

Arte: Ciudad de México y Puebla tienen los mejores museos de arqueología y arte contemporáneo, moderno y clásico. En el caso específico de la pintura, destacan los museos de las rutas de Guanajuato y Zacatecas; para las artesanías, Oaxaca y Michoacán, donde encontrarás una infinidad de pueblos especializados en la manufactura de artesanías; en las capitales de ambas ciudades hay mercados que acumulan las artesanías del estado.

1. BAJA CALIFORNIA NORTE Y SUR

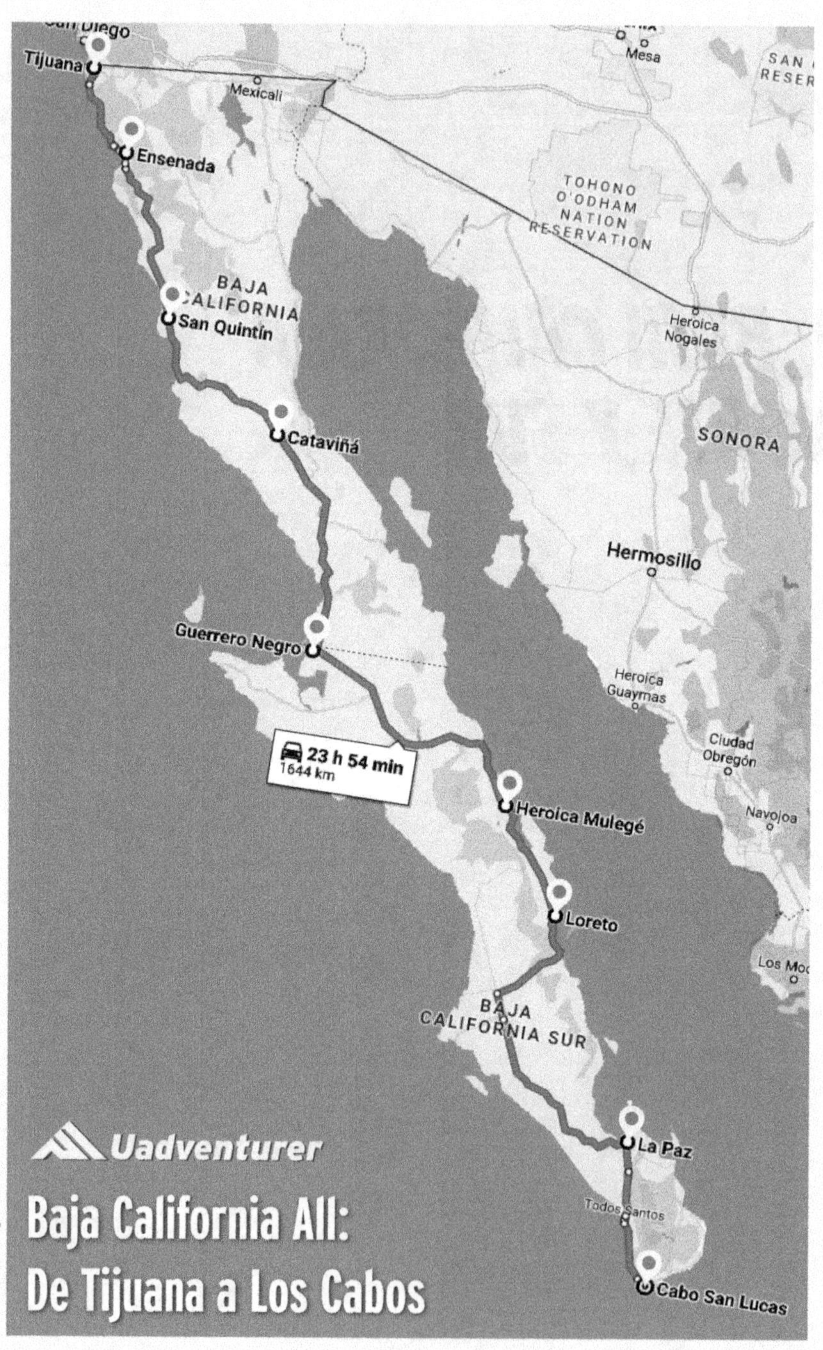

San Diego
Tijuana
Mexicali
Mesa
SAN
RESER
Ensenada
TOHONO
O'ODHAM
NATION
RESERVATION
BAJA
CALIFORNIA
San Quintín
Heroica
Nogales
Cataviñá
SONORA
Hermosillo
Guerrero Negro
Heroica
Guaymas
23 h 54 min
1644 km
Ciudad
Obregón
Heroica Mulegé
Navojoa
Loreto
Los Mo
BAJA
CALIFORNIA SUR
Uadventurer
La Paz
Todos Santos
Baja California All:
De Tijuana a Los Cabos
Cabo San Lucas

LA PENÍNSULA de Baja California siempre me ha parecido una tierra paradisíaca que debe ser explorada, ya que además de poseer una superficie que la vuelve casi vertical, está unida por una sola vía, la Carretera Transpeninsular.

La verdadera ruta inicia al dejar Tijuana y entrar en el Scenic Roadtrip, una carretera costera de 8 carriles, sembrada de playas desoladas con un mar salvaje y peñascos dorados en la tarde. Esta carretera te llevará a tu primer destino Ensenada, donde la calma del mar te da la bienvenida a la tranquilidad de la Baja desolada, puedes disfrutar de su calma o ir al estruendo de la Bufadora, una cresta acuosa que sale de entre las montañas y luego seguir hacia Bahía de los Ángeles donde empezarás a acostumbrarte al mar y al desierto y sus exóticas maravillas como La Gringa, donde antes existía un pueblo de casar rodantes y hoy es un paraíso desolado, siguiendo por esta tierra ignota llegarás a Cataviña un pueblo justo en medio del desierto, rodeado de misterios como oasis, palmerales y cuevas con pinturas rupestres, así como los únicos cactoarboles llamados Cirios.

Siguiendo la carretera transpeninsular llegarás a una blanca salinera llamado Guerrero Negro, de donde parten las excursiones hacia la sierra, así como en temporada al avistamiento de ballenas, si te adentras en la sierra en San Ignacio verás más cuevas con pinturas rupestres, pero si sigues hacia Mulegé encontrarás en contraste un oasis con un rio lleno de aves y palmerales, y para deslumbrarte un poco más kilómetros después encontrarás un pueblo mitad inglés, mitad francés, con una mina abandonada y una iglesia construida por Gustav Eiffel.

Siguiendo la ruta llegarás a un puñado de playas desoladas donde no hay mas de cinco o diez casas, un mar calmo paradisiaco, sus nombres no les hacen justicia pero cada una es digna de ser visitada por varios días, las más conocidas se llaman Santispac, Los Cocos, El Burro, Buenaventura. Más adelante encontrarás Loreto, de donde salen recorridos en kayak y lancha para visitar las islas Coronado, Carmen, Danzante, Montserrat y Cataviña, descendiendo más llegarás a Ciudad Insurgentes otro pequeño pueblo de donde salen otras expediciones para ver las ballenas en temporada.

Después de tanta salvaje maravilla adorarás llegar a la Paz y dejarte llevar por sus mágicas playas también vírgenes como Balandra, así como explorar en lancha o kayak la isla Espiritu Santo, de ahí puedes seguir a Todos Santos donde está el mítico Hotel California así como playas mágicas para surfear y una mezcla única de exóticos restaurantes, y al final está San Jose del Cabo, donde están los resorts y de donde salen las embarcaciones hacia el emblemático arco donde se juntan de forma mítica el Océano Pacifico y el mar de Cortés.

TIJUANA

El aeropuerto de Tijuana recibe gente de todo el orbe, es la frontera más visitada del mundo y su nivel de fiesta es incomparable, no para las veinticuatro horas del día. De igual manera, su oferta gastronómica es altamente reconocida y variada; en esta ciudad se inventó la Ensalada César. Comenzar el viaje con una fiesta o un gran banquete es una apuesta segura de hacerlo bien.

Las actividades que puedes realizar en este destino van desde *tours* gastronómicos en restaurantes, solitarios o guiados, para comer langosta, mariscos, tacos, comida mexicana y tomar vino y cerveza artesanal; también en puestos de la calle o *food trucks*; hacer una excursión de montaña a Coronel, pasear en barco en Puerto Nuevo e ir a La Bufadora, para ver cómo el géiser levanta el agua hacia el cielo, de forma magnífica e intermitente, al compás de los mariachis.

En la salida sur de Tijuana empieza la Carretera Transpeninsular. Exactamente después del letrero que titula el tramo como *Scenic Roadtrip,* hay un sorprendente mirador donde se puede sentir la fresca brisa del Pacífico y observar a una multitud de micro islas habitadas por garzas; a lo lejos, entre la niebla se ve la ciudad de Tijuana. Despídete de ella, pues la Baja completa te espera.

Retoma la Carretera Federal 1, la Transpeninsular, la que serpentea entre el mar azul intenso y las rojas cordilleras de la Sierra de la Giganta. En los cuatro vidrios de tu auto podrás ver fotos instantáneas inmejorables, aunque siempre sentirás nostalgia por los maravillosos paisajes que dejas atrás; no te preocupes, todavía hay mucho por recorrer. Detente en el parador El Descanso, renta un caballo y cabalga por la playa mientras ves y escuchas el romper de las olas.

ENSENADA

Para aquellos que gustan de la calma de los puertos está Ensenada. Durante el día, lo mejor es alejarse un poco de la ciudad y visitar La Bufadora, donde minuto a minuto sucede el siguiente espectáculo natural: en el fondo de un alto acantilado el mar se revuelve, entintado de un vivo color esmeralda; tras una pausa, de las profundidades emerge un sonoro bufido; al poco tiempo, de entre las piedras surge un gran chorro de agua que alcanza alturas insospechadas. El espectáculo no termina ahí, pues la brisa forma un arcoíris entre las rocas al caer. Treinta segundos después, el espectáculo vuelve a empezar.

Por la tarde, recomiendo regresar al puerto, recorrer el malecón y disfrutar, en sus restaurantes de comida internacional, los frutos del Mar de Ensenada, convertidos en exquisitos platillos. Para terminar se recomienda ir a la cantina Hussongs y disfrutar una velada *oldies*, al puro estilo texano. En las cercanías de este pueblo hay grandes *resorts* que conviven en completa armonía con el mar de Baja.

Este pequeño pueblo, al inicio o final del país, es la entrada a los viñedos mexicanos. El municipio es conocido como la "capital del vino mexicano", pues en sus alrededores se produce casi todo el vino nacional, el cual puedes disfrutar en una gran diversidad de recorridos, además de poder quedarte a dormir en los viñedos y conocer más del paraíso vitivinícola nacional.

Si deseas algo más aventurado, puedes rentar ATV, motos de enduro, o cualquier otro vehículo todo terreno y rodar por pistas de la serie Baja, capital mundial del *off road*, y sede de la famosa carrera Baja 1000. Lugares cien por ciento abiertos, si prefieres disfrutar la paz de la naturaleza, puedes ir a El Salto y caminar, acampar o hacer *rappel*, y por supuesto disfrutar del cañón y la cascada.

SAN QUINTÍN Y LA GRINGA

Baja tiene una multitud de extraños paisajes; cerca de Bahía de Los Ángeles hay un lugar que merece una mención aparte. Su nombre es La Gringa, un pequeño caserío formado por multicolores casas rodantes abandonadas, a las que se suma una multitud de objetos raros, como costillas de ballena clavadas en la arena, llantas convertidas en macetas y una silla de barbero, en posición perfecta para contemplar el mar azul en contraste con el rojo de las montañas.

Bahía de los Ángeles es una larga costa repleta de gaviotas y otras aves marinas; la corriente es tranquila y aunque forma parte del Pacífico Norte, la temperatura del mar no es fría; ahí, los cocteles de callo de hacha son inolvidables. Al final de la costa hay un faro al que se puede entrar, subir y ver desde lo alto como Baja California y el mar se extienden hasta la inmensidad. En las cercanías hay varias playas, como Punta Colonet, playa Santa María, playa Cuatro Casas y playa Costa Brava.

CATAVIÑA

En pocos lugares del mundo se puede experimentar la sensación de estar en medio de territorios vírgenes como en Baja California; en Cataviña y el Valle de los Cirios, el sentimiento se potencia.

Al entrar a la reserva natural empiezan a aparecer una infinidad de árboles delgados con las más caprichosas formas; llamados árbol de Cirio, son endémicos de la región y su altura puede alcanzar los cinco metros; su forma puede ser vertical, oblicua o retorcida. Los acompañan los enormes y clásicos sahuaros, cactus que pueden medir hasta quince metros; es fácil reconocerlos, parecen manos espinosas que intentan tocar el cielo.

En el centro de este valle semidesértico está Cataviña, donde el contacto con la naturaleza es íntimo y diferente; realmente uno se siente en medio de la nada; apenas tiene seis casas y dos hoteles. El sol es fuerte, aunque hay varias cuevas para refugiarse, algunas con pinturas rupestres. En el parque El Palmerito, a los cirios, cardones, biznagas y sahuaros se les suman palmeras y un río.

GUERRERO NEGRO

Al terminar el Valle de los Cirios y cruzar el Paralelo 28, bien señalizado por una extraña escultura, se llega a Guerrero Negro, la salinera más grande de México, donde el paisaje deslumbra por su blancura. Es sorprendente caminar por el níveo piso agrietado y observar cómo las grandes máquinas trituran los espejos de sal para extraer el cloruro sódico.

El pueblo ha sido reconocido como el mejor para el avistamiento de ballenas, las cuales arriban los últimos días de diciembre y se van en marzo. Subirse a una lancha y observar a los gigantes marinos, de más de diez metros de largo, saltar, nadar, jugar y aparearse es una experiencia inolvidable. Otro de los atractivos del lugar es la cacería fotográfica de aves, las dunas y las expediciones a las pinturas rupestres.

SAN IGNACIO

A unos cuantos kilómetros de Guerrero Negro está la población de San Ignacio, la cual tiene un gran palmeral en su entrada, en cuyo centro corre el río Mulegé; a su vera, es posible acampar, rentar un kayak y remar por su quieta corriente, repleta de gloriosas aves y naturaleza.

En el pueblo se encuentra una de las primeras misiones de Baja California, la de San Ignacio de Kandakaamán, donde está el Museo de las Pinturas Rupestres de la Sierra de San Francisco, que custodia réplicas de las pinturas existentes en la zona. Desde este lugar es posible contratar un guía y rentar un caballo para aventurarse uno o varios días en las áridas montañas y observar, en medio de la sierra, los trazos de los primeros habitantes de Baja.

SANTA ROSALÍA

Al llegar a Santa Rosalía comienza un viaje en el tiempo y el espacio. En la entrada se puede ver una mina de principios del siglo pasado, convertida en museo. Dentro de la ciudad, el colorido de las casas de madera, de techos de dos aguas, provoca la sensación de estar en un pequeño pueblo francés, incrementándose al llegar a la Iglesia de Santa Bárbara, construida por el creador de la Torre Eiffel.

BAHÍA CONCEPCIÓN

A pocos kilómetros de Santa Rosalía, la carretera se aleja de la sierra, y al igual que los ríos, llega al mar. Es impresionante dejar las montañas y contemplar la variedad de playas vírgenes que aparecen ante los ojos. La primera es Santispac, en la cual se puede acampar frente al mar y disfrutar en compañía de las olas; además, no solo es una playa, está en una Bahía conformada por las playas Concepción, Los Cocos, El Burro, Buenaventura, La Reina de los Atardeceres y Playa Armenta. Es recomendable llevar comida y agua suficiente para la estancia, pues los servicios son escasos.

LORETO

La civilización regresa al llegar a Loreto, grandes hoteles, *resorts* y restaurantes, al estilo Ensenada, se dejan ver en Bahía de Loreto. Ahí está el Museo de las Misiones Jesuíticas de Baja California, donde además de aprender sobre la historia de la conquista de Las Californias, se constata que los bajacalifornianos son un pueblo privativamente nómada; algunos cronistas dicen que los oriundos pernoctaban en más de cien lugares diferentes cada año. Junto al museo está la Misión de Nuestra Señora de Loreto, una de las más grandes y mejor conservadas de la región.

El atractivo principal de Loreto es el Parque Nacional Bahía de Loreto, conformado por las islas: Coronado, Carmen, Danzante, Montserrat y

Catalana, con sus respectivas playas ignotas, en las que es posible nadar con focas y delfines. Además de observar una gran variedad de múltiples paisajes y aves migratorias, puedes rentar un paseo en lancha o hacer un itinerario de uno o varios días en kayak, incluso hay una ruta que llega hasta La Paz.

LA PAZ

Balandra es una tranquila playa virgen, el agua es verde esmeralda y la arena es fina y blanca; está desprovista de comercios y cabañas, lo cual la convierte en un magnífico refugio para acampar y descansar. Al final de la playa está la piedra con forma de hongo, símbolo de La Paz, donde aconsejo con todo mi ser observar el atardecer y atestiguar cómo el horizonte, el agua y la arena cambian de color, conforme el astro solar se apaga sobre el mar.

Adelante está la isla Espíritu Santo, a la cual se llega en una lancha que zarpa de Playa Tecolote. Al comenzar el recorrido, la fascinación no se hace esperar, pues decenas de delfines suelen acompañar a las lanchas con saltos increíbles.

Después de la recepción, continúa el recorrido por la isla, donde verás enormes macizos oblicuos color adobe, cerros partidos y tallados por la marea, cactus gigantes, islas, cardones blancos por el guano de las aves y una infinidad de extraños paisajes, en los que el mar y el desierto se encuentran.

Ambos destinos están a pocos kilómetros del tranquilo puerto de La Paz. Es preferible llegar al anochecer, ya que la avenida costera se ilumina con las luces de los bares y los restaurantes, que abren sus puertas hasta la madrugada.

LOS CABOS

Todos Santos es el último pueblo antes de llegar a Los Cabos y sus playas son ideales para practicar el Baja California Surf. Escondidas entre estrechas calles, hay casas antiguas convertidas en hoteles, la mayoría con los más bellos jardines, en donde el mundo cotidiano desaparece y la seducción de la tranquilidad y la belleza atrapa a los visitantes.

Para pasar una buena noche de antro, la opción es Cabo San Lucas, o San Loco, como lo llaman los locales, donde si se quiere disfrutar de lujo y confort, están los *resorts*.

Kilómetros adelante está San José del Cabo, un pintoresco pueblo repleto de galerías de arte y discretos restaurantes de comida internacional, ideales para festejar con una cena, a la luz de las velas, el haber cruzado la península de Baja California completa.

RECOMENDACIONES

El tiempo ideal para este viaje es de 15 a 30 días.

Las mejores temporadas son otoño e invierno, pues en primavera y verano el calor llega a ser sofocante.

La mejor forma de hacer el viaje es rentar un coche en Tijuana y entregarlo en Los Cabos. Las carreteras de Baja California, en su mayoría, están en buenas condiciones.

La vida nocturna de Tijuana y Ensenada puede ser un factor de peligro, vale la pena ir acompañado por un local.

Baja California Norte es uno de los estados menos habitados de Latinoamérica, así que verás muchos pasajes desolados; pero ése es su atractivo, no son inseguros, porque ni siquiera hay gente.

Es importante tener siempre gasolina suficiente y llevar llanta de refacción, principalmente en la Estrella, antes de iniciar la ruta en Cataviña.

Si quieres hacer el viaje en bicicleta, busca ayuda en los grupos de ciclistas de Facebook o en la web, para tener apoyo durante el recorrido; anota sus teléfonos, porque durante gran parte de la ruta no hay señal wifi.

No dejes de comer mariscos y pescado durante el recorrido; las almejas y callos, en cualquiera de sus presentaciones, son platillos únicos en México.

En los pueblos aledaños hay pocos hoteles; reserva con anticipación e intenta llegar temprano a los destinos.

Puedes combinar estaruta con la de **Baja California Sur**, y con **Costa Oeste,** si tomas el ferry a Mazatlán.

2. BAJA CALIFORNIA SUR

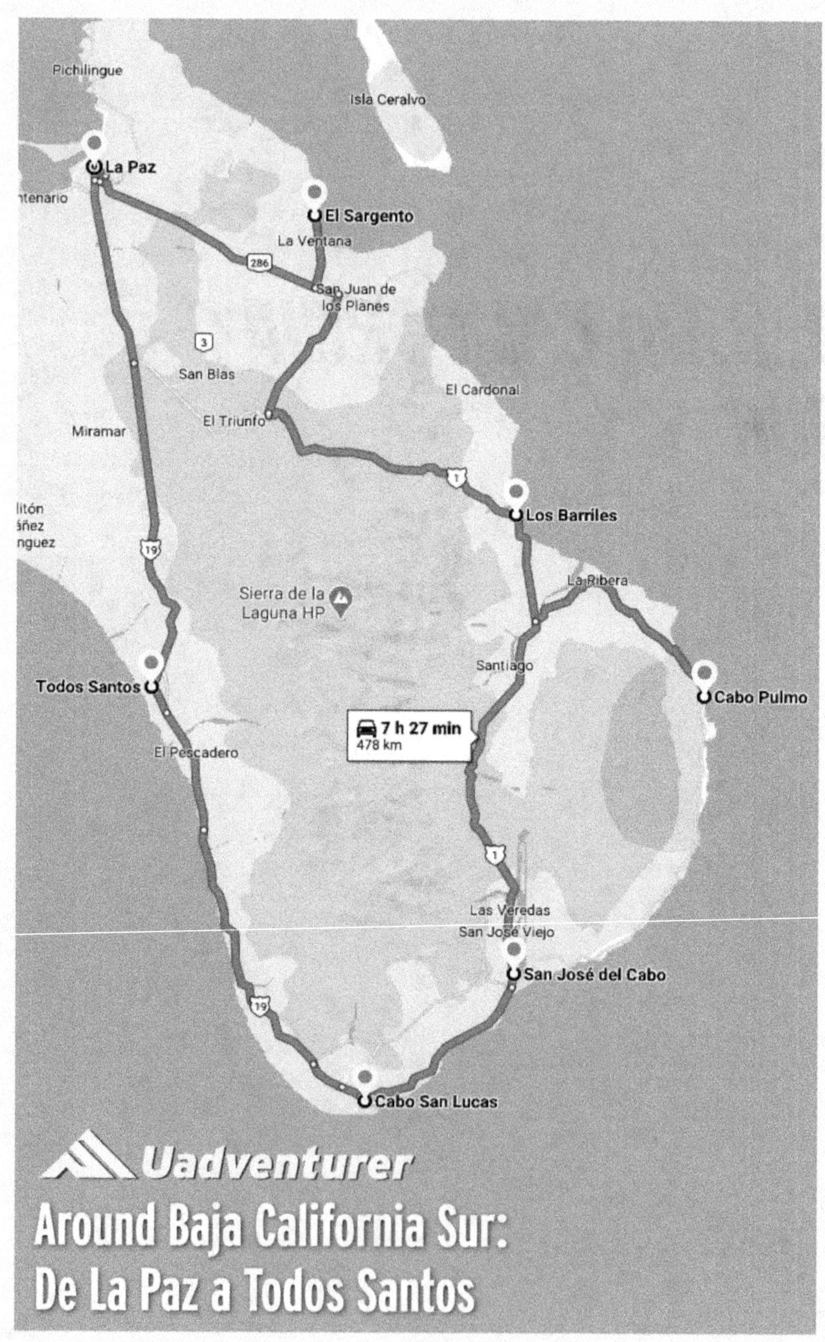

Pichilingue
Isla Ceralvo
La Paz
El Sargento
La Ventana
286
San Juan de los Planes
3
San Blas
El Cardonal
Miramar
El Triunfo
1
Los Barriles
19
La Ribera
Sierra de la Laguna HP
Santiago
Todos Santos
Cabo Pulmo
El Pescadero
7 h 27 min
478 km
1
Las Veredas
San José Viejo
San José del Cabo
19
Cabo San Lucas
Uadventurer
Around Baja California Sur:
De La Paz a Todos Santos

BAJA CALIFORNIA SUR es un crisol de playas solitarias, desiertos llenos de vegetación, oasis de palmerales, islas bañadas por el Océano Pacífico y el Mar de Cortés, así como actividades de aventura: buceo, esnórquel, *windsurf*, surf, *paddle surf*, pesca, senderismo, kayak, bicicleta de montaña, motocicleta enduro y vehículos 4 x 4.

La ruta comienza en La Paz o en Cabo San Lucas, depende del aeropuerto al que llegues. Si aterrizas en La Paz, lo primero es recorrer sus playas de ensueño y luego ir a las de La Ventana y El Sargento, donde verás uno de los mares más calmos del planeta. De ahí, puedes seguir hacia la capital del *windsurf*, Los Barriles; después, cruzar el desierto y, justo en medio de la nada, encontrar Cabo Pulmo, donde podrás embarcar y bucear en el Acuario del Mundo. Pasados unos días de calma marina, dirígete a la artística San José del Cabo, luego a la fiesta de Cabo San Lucas y después a las grandes olas, con desierto de fondo, de Todos Santos; finalmente, regresar a La Paz y concluir el viaje.

Si llegas por San José del Cabo, la ruta es la misma hacia un lado y hacia el otro. La mayoría de los destinos que propongo son una aventura única en sí mismos, y están a menos de dos horas en coche, uno de otro .

LA PAZ

Un mar calmo, azul intenso, lleno de peces, delfines y ballenas; incesante vida marina fusionada en un cielo pletórico de aves acuáticas, que descienden de forma fulminante, para pescar o posarse en las lanchas. El oleaje casi imperceptible y la calma porteña convierten a La Paz en el mejor destino para empezar o terminar el recorrido.

La estancia en La Paz es tal como su nombre lo indica: llena de paz. La capital del estado es pequeña, serena y luminosa; sus principales atractivos son el Malecón, con su oferta de variedad gastronómica y sus playas vírgenes, como el extenso arenal de Balandra, donde se puede caminar largo tiempo por la arena y llegar hasta el hongo de piedra.

El orden las playas es el siguiente: El Caimancito, Vistamar, El Tesoro, Balandra y El Tecolote. Bien puedes pasar un día nadando de una playa a otra, practicar kayak, esnórquel, *windsurf* o admirando la excepcional tranquilidad del mar.

Las actividades más recomendadas en este destino es nadar con el Tiburon Ballena, el pez más grande de la tierra y circunavegar en la isla Espíritu Santo, la isla es virgen y es diversa por donde quiera que la miras, desierto, playa y cerros conviven en este paraíso diverso, en el camino se pueden observar decenas de delfines y, en temporada, muchas ballenas.

El recorrido puede durar horas o el día entero; en la mejor versión, se visitan varias playas de las islas; en algunas se puede nadar y en otras hacer tramos de *hiking*. Algunos de los *tours* incluyen comer ceviche y esnorkelear en la playa, y la mayoría hace escala en una isla de lobos marinos, con los que incluso se puede nadar.

Para los más aventurados hay recorridos de varios días en kayak, en los que se circunnavega alrededor de la isla, se pesca, se acampa con todas las comodidades y se hacen caminatas.

LOS BARRILES, EL SARGENTO Y LA VENTANA

Existen pocos destinos en el mundo especializados en *kitesurfing*; Los Barriles y El Sargento son dos de ellos. En estos lugares enigmáticos, el viento y las olas se ajustan de forma insuperable, para volar por el agua, surfear y pilotar al mismo tiempo.

Las dos playas se encuentran ubicadas en uno de los lugares menos habitados de Baja California Sur, y se pueden explorar en ATV o en 4 x 4; hay oasis, palmerales y cascadas en medio del desierto.

También puedes realizar un *tour* de buceo, esnórquel y caminata en la isla de Jacques Cousteau y ver una infinidad de especies animales, debajo del agua y sobre la superficie de la isla.

Si consideras que es mucha adrenalina, puedes ver a los *windsurfers*, dar un paseo en lancha por la isla y descansar en la playa La Ventana, acostado frente al mar, completamente tranquilo.

Los Barriles es la capital del kitesurfing, este derporte extremo consiste en deslizarte por el agua propulsado a alta velocidad por un cometa; el windsurf es igual, sólo que impulsado por un pequeño velero; si prefieres lo clásico, puedes rentar una tabla de surf y meterte al mar.

Si no sabes nada de ninguno de estos deportes extremos, puedes destinar algunos días de tus viajes para aprender la combinación precisa de aire, agua, adrenalina, velocidad y vuelo. Deja que el viento te guíe en esta aventura.

También desde aquí puedes tomar una lancha y adéntrarte en el Mar de Cortés hacia la isla Cerralvo o Jacques Cousteau. Al llegar, camina dentro las cuevas, y ya que el calor es fuerte, sumérgete en el paraíso acuático de colores y coral con el esnórquel. Luego, camina por la isla y conoce, de la mano de un guía naturalista, la diversidad de la vida terrestre y marina. Si estás certificado como buzo, puedes cambiar el esnórquel por un tanque de oxígeno.

CABO PULMO

El destino más famoso de Baja California para bucear es Cabo Pulmo, tal vez porque el mismísimo Cousteau nombró al Mar de Cortés el Acuario más grande del Mundo. Es uno de los mares más salados que existen, lo que lo convierte en un edén para la vida marina; se pueden ver tiburones, morenas, mantarrayas, leones marinos, cientos de escuelas de diversos peces y coral. Su arrecife coralino tiene veinticinco mil años de antigüedad y es de los pocos que continúa vivo en Norteamérica.

Otra de las razones que lo hace único es tener barcos hundidos bajo el mar, los cuales se han convertido en un paraje en el que conviven peces y plantas, en una especie de pintura viviente, que narra la historia de un naufragio ocurrido hace cientos de años.

Si no sabes bucear, este es uno de los mejores lugares para aprender a hacerlo y certificarte como buzo *open water*, *advance* o la que quieras. Si sólo quieres una probadita, puedes tomar el curso de *discover scuba diving*. Si no quieres bucear, puedes ponerte el esnórquel y ver la sinfonía de vida y color desde lo alto del agua.

SAN JOSÉ DEL CABO

El camino que rodea la costa, que va de Cabo Pulmo a San José del Cabo, es un trayecto inolvidable; el sendero es de terracería, y a lo largo del recorrido pueden verse kilómetros y kilómetros de playas desérticas, en las cuales se puede nadar, hacer un *picnic* y ver el mar. Resulta ideal recorrerlo en un 4 x4; la carretera, aunque no está pavimentada, suele estar en buenas condiciones y es posible transitarla con cualquier tipo de auto.

Después del encuentro con la naturaleza, el desierto y el mar, llegar al pueblo de San José del Cabo es una bendición, como todo en esta península llena de santos. Un repertorio de pequeños restaurantes de comida internacional, hoteles *boutique* delicadamente orlados, y galerías de pintura, decoración y artesanías.

CABO SAN LUCAS

Cabo San Lucas es el lugar predilecto para las personas que gustan del lujo, la navegación y la pesca deportiva. Su marina llena de yates, embarcaciones y restaurantes, así como las calles que lo rodean, son el centro del que parte la vida nocturna del lugar.

Su famoso arco de piedra une al Mar de Cortés

con el Océano Pacífico. Si haces el recorrido desde La Paz y practicas alguna o varias actividades, seguramente necesitarás descansar, y este es el sitio ideal para hacerlo, pues cuenta con infraestructura para Alto Turismo.

Existen *resorts* para cualquier tipo de presupuesto, gustos y necesidades; cada uno es un mundo aparte; si te hospedas en ellos, lo demás desaparece, pues tienen muchos restaurantes, spas y campos de golf.

TODOS SANTOS

Justo a la mitad, entre San José del Cabo y La Paz, está Todos Santos. En pocos lugares se entremezclan actividades como ciclismo, *hicking* y surf, entre desierto, valle y mar.

Puedes rentar una tabla de surf al amanecer y subir a las olas de la playa Cerritos; después, desayunar sobre la arena o en alguna de las diferentes opciones del pueblo. Durante el día puedes caminar, andar en bicicleta de montaña, moto de enduro o ATV e internarte en el desierto, las playas y los diversos paisajes que ofrece este lugar.

Por la tarde-noche, las luces de los bares y restaurantes se multiplican en las calles centrales; puedes comer, cantar y beber cerca del Hotel California, el de la famosa canción de The Eagles.

Cuando llegues, te hará recordar que siempre has querido estar ahí. Puedes visitar este destino como el último de tu recorrido, o ir y volver desde La Paz.

RECOMENDACIONES

La mejor forma de hacer este viaje es con la mente abierta; probar nuevas actividades y experiencias, como bucear, *windsurf*, kayak, esnorkelear y nadar con el tiburón ballena.

La carretera de San José a Cabo Pulmo no está pavimentada, pero está bien cuidada, con un auto pequeño se puede recorrer a baja velocidad.

En la mayoría de las playas, carreteras y destinos hay pocas personas, pero no por eso son inseguros.

La comida del mar de Baja California es la más accesible del país; no dejes de probar las almejas, los callos y la langosta.

Recuerda la isla Espíritu Santo; entre más tiempo estés, mejor; en un solo viaje puedes ver delfines, leones marinos y ballenas, así como caminar por la isla desierta.

Esta ruta puedes combinarla con **Baja California** y con **Costa Oeste**, si tomas el ferry a Mazatlán.

3. QUINTANA ROO

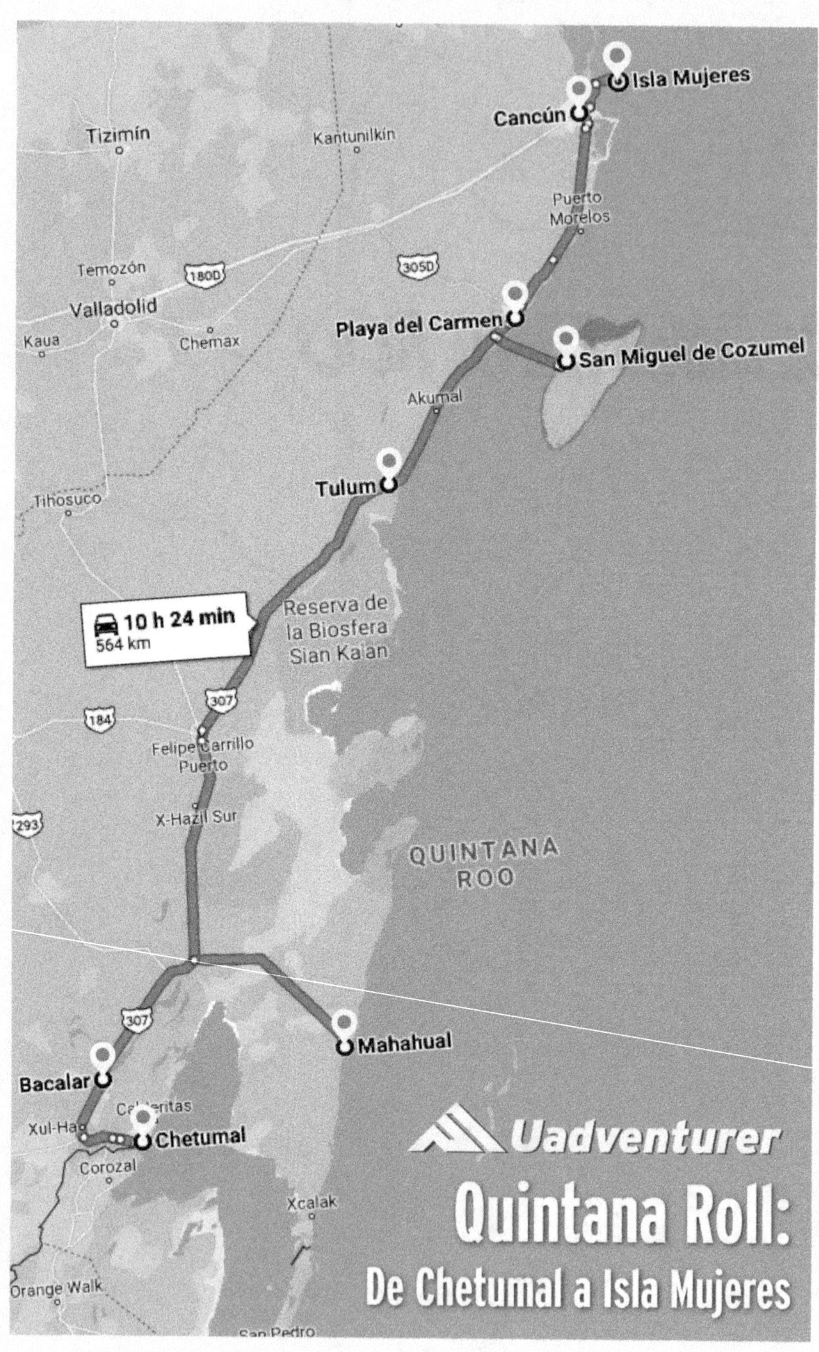

Tizimín
Kantunilkín
Isla Mujeres
Cancún
Puerto Morelos
Temozón
180D
305D
Valladolid
Kaua
Chemax
Playa del Carmen
San Miguel de Cozumel
Akumal
Tulum
Tihosuco
10 h 24 min
564 km
Reserva de la Biosfera Sian Ka'an
307
184
Felipe Carrillo Puerto
X-Hazil Sur
293
QUINTANA ROO
307
Mahahual
Bacalar
Calderitas
Xul-Ha
Chetumal
Corozal
Xcalak
Uadventurer
Quintana Roll:
De Chetumal a Isla Mujeres
Orange Walk
San Pedro

LAS PENÍNSULAS de Yucatán y Baja California son las dos joyas de México; si decides viajar al caribe mexicano, mi primera recomendación es que lo vivas al máximo, y lo visites, por lo menos, una semana; mejor, quince días, y óptimo, treinta días, en los que conocerás el color y la vibración del mar turquesa, así como lagunas de siete y más colores.

La ruta ideal empieza en Chetumal y termina en Holbox; si decides recorrerla, vivirás una experiencia que íntegra ruinas mayas con la playa, en Tulum; en medio de la selva, en Coba; kayak en lagunas vírgenes, donde las nubes de Sian Ka'an, donde se origina el cielo, adquieren las más extrañas formas; explosiones de color esnorkeleando o buceando en las decenas de arrecifes de Chinchorro; así como la experiencia única de nadar y explorar el mundo subterráneo en los cenotes, en medio de la selva.

Podrás rodear islas completas en moto o bicicleta; admirar y nadar en playas vírgenes, en las islas de Cozumel e Isla Mujeres, escuchar y ver miles de aves, en la reserva de Ría Lagartos y en la isla de Holbox y, por qué no, pasar noches de desenfreno en los bares, discotecas y restaurantes de Playa del Carmen, Tulum y Cancún.

BACALAR

Bacalar es un remanso de agua que cambia de color constantemente, según el movimiento de las olas, la luz del sol y las nubes. Es increíble ver, a lo largo del día, los cambios de colores de la laguna. Un sitio ideal para nadar, hacer kayak y flotar en *paddleboard*. Además, sus cenotes son navegables.

Si no te gustan este tipo de actividades, la belleza que rodea el lugar, admirable desde un fuerte pirata, te dejará sin aliento; y no te preocupes por la seguridad y la comodidad, hay varios hoteles que tienen entrada a la laguna.

Si te gusta andar en bicicleta, alístate para una de las experiencias sobre ruedas más gratas de tu vida; algo que sólo podrás vivir en Bacalar, al atravesar senderos selváticos, llenos de vida y color; cruzar ríos, bicicleta al hombro y descubrir senderos, especialmente trazados en la jungla, en un recorrido que puede durar hasta siete horas, tú escoges cuánto tiempo. De esta forma, podrás conocer y explorar las entrañas de Bacalar.

La expansión del espíritu continúa con el trayecto en kayak, donde experimentarás la libertad de pilotar en un lugar donde el cielo se une con la laguna, con decenas de pececitos nadando encima de los estromatolitos, uno de los seres vivos más antiguos de la Tierra.

El paseo en lancha va a tres cenotes: uno negro, uno esmeralda – donde nace el agua– y otro llamado Cocalitos, para después visitar la Isla de los Pájaros y navegar por un canal pirata. Durante el recorrido observarás la vida bajo el agua con el esnórquel, así como nadar en el mar y los cenotes abiertos.

MAHAHUAL

Hace diez años era un puerto pesquero que apenas ocupaba unas cuantas cuadras; hoy, su tranquilo malecón, de casi dos kilómetros, está lleno de pequeños hoteles *boutique*, restaurantes, tiendas de buceo y de renta de bicicleta, para rodar al atardecer hasta el faro o durante horas junto al mar.

Prepárate para esnorkelear, certificarte como buzo y realizar varias inmersiones en uno de los arrecifes que continúan vírgenes en México: los arrecifes de Mahahual y el Banco Chinchorro, sinfonía de peces de colores, en una zona de jardines de coral negro incorrupto. Desde ahí se puede ir a bucear a los cenotes más famosos de la península.

SIAN KA'AN

Sian Ka'an significa "el origen del cielo", nombre que le hace justicia al lugar; lo intacta que ha permanecido esta laguna natural protegida, nombrada Patrimonio Mundial de la Humanidad, le ha prodigado características únicas en el mundo. En su diáfana laguna multicolor, no sabrás si flotas o remas, en el agua o en el cielo. La mejor compañía para esta travesía es un local de la región como guía. Si quieres que la experiencia sea permanente, puedes tatuar la salida del sol en tu mirada, al ascender sobre la laguna.

TULUM

Única en su tipo, la pirámide de Tulum forma parte de la antigua ciudad amurallada de los mayas y está construida sobre la playa; una especie de observatorio que da al mar Caribe. Resguardado por milenarias iguanas, en Tulum se ha dado el crecimiento exponencial de hoteles *boutique*, que descansan llenos de tranquilidad y energía ; a veces, la playa resulta solitaria, aunque el pueblo, que crece cada día, ha ganado fama internacional, y las atracciones turísticas se han multiplicado.

Las dos pirámides mejor ubicadas de la península de Yucatán son: Tulum, edificada en lo alto de una pequeña montaña, junto a la playa; la única pirámide conservada que da al mar; y la pirámide de Cobá, de 42 metros de alto, la más alta de Quintana Roo; desde ahí, podrás observar un atardecer inolvidable, en el que el sol se despide de la selva y el mar.

Para los mayas, las cuevas y los cenotes eran la entrada al inframundo. La tranquilidad que expiden algunos de ellos es tal, que de verdad uno se siente en otro planeta; hay cenotes bajo tierra, dentro de cavernas y abiertos a la naturaleza. En este lugar, podrás conocer cuatro de ellos, y al final nadar en uno que tiene más de cien metros de largo; así como saltar desde varios metros de altura, para sumergirte en el agua sagrada.

PLAYA DEL CARMEN

Playa del Carmen es el puerto más vital de la región, a lo largo de los casi cinco kilómetros de su calle principal, la Quinta Avenida, puedes pasear y elegir entre las decenas de restaurantes, antros, bares y tiendas, las cuales disfrutarás al máximo, principalmente de noche.

Durante el día, la mejor opción es ir a descansar a la playa; a pocos minutos encontrarás playa virgen; ir a los parques Xcaret y Alltournative, esnorkelear o aprender a bucear y hacer inmersiones en sus coloridos arrecifes; o ir más allá y sumergirse en la observación acuática del buceo en cenotes.

Turistas de todo el mundo vienen también a Playa del Carmen con la única intención de bucear no importa si es la primera vez que buceas o ya eres un experto: el buceo en las costas de arrecifes de Playa del Carmen es la mejor opción para sumergirse, desde diez hasta treinta metros de profundidad, pues abarcan más de mil kilómetros de longitud. La variedad de la fauna marina es extensa, desde peces loro, roncadores, meros, jureles, barracudas, sargento, mariposa, tortugas, morenas, tiburones, rayas, cangrejos, langostas, gorgonias y corales cerebro, hasta cuerno de alce y mucho más.

Pero no solo puedes bucear en el mar sino también los cenotes, imagina ir en una camioneta en medio de la selva y saltar a un cenote; si vas a uno de gran profundidad, podrás bajar de quince a cuarenta metros, rodeado por cilíndricas paredes, y ver los efectos luminosos de la Halocina; así como árboles fantasmales, suspendidos en nubes de sulfuro de hidrógeno. Una vivencia de otro planeta. En cenotes de menor profundidad se puede nadar dentro de cavernas subacuáticas, llenas de efectos de luces, estalactitas y estalagmitas donde encontrarás extraños peces y miles de formas luminiscentes.

COZUMEL

La isla de Cozumel es una parada altamente recomendada si visitas Quintana Roo. En este lugar podrás conducir un Jeep por sus alrededores. La adrenalina será tu mejor aliada al experimentar el ecosistema del caribe, nadar y esnorkelear y, por supuesto, relajarte en la playa, saboreando comida regional. Si aún quieres más, añade a tu itinerario el nado con delfines, visita la zona arqueológica de San Gervasio o navega en un Jet Ski.

Pedalear o manejar junto al mar Caribe durante sesenta kilómetros es una experiencia distintiva de Cozumel. No importa el vehículo en el que lo hagas ni el ritmo que lleves, tampoco el clima, pues cada pocos kilómetros encontrarás hermosos y solitarios parajes donde podrás sentir el mar, la selva y la brisa, ver aves, y cientos de tortugas, si es temporada; tranquilo, tienes todo el día para completar la vuelta a la isla.

Si tienes tiempo, puedes tomar un rápido curso y certificarte como buzo; valé la pena, pues pasar dos o tres días en las transparentes aguas de Cozumel, con algunas inmersiones de buceo al día, es una experiencia que te cambia, ya que hará crecer tu visión de la vida.

En las mañanas puedes alinear mente, corazón y energía para observar la potencia de los colores que anuncian un nuevo día, la diversidad de la vida marina y los arrecifes de la isla; en la tarde podrás concentrarte en la suave tranquilidad del susurro del mar turquesa, admirando el sol, moviendo sus reflejos en las playas solitarias.

LA VUELTA A COZUMEL EN UN DÍA

La isla de Cozumel es una parada altamente recomendada si visitas Quintana Roo. En este lugar podrás conducir un Jeep por sus alrededores. La adrenalina será tu mejor aliada al experimentar el ecosistema del caribe, nadar y esnorkelear y, por supuesto, relajarte en la playa, saboreando comida regional. Si aún quieres más, añade a tu itinerario el nado con delfines, visita la zona arqueológica de San Gervasio o navega en un Jet Ski.

Pedalear o manejar junto al mar Caribe durante sesenta kilómetros es una experiencia distintiva de Cozumel. No importa el vehículo en el que lo hagas ni el ritmo que lleves, tampoco el clima, pues cada pocos kilómetros encontrarás hermosos y solitarios parajes donde podrás sentir el mar, la selva y la brisa, ver aves, y cientos de tortugas, si es temporada; tranquilo, tienes todo el día para completar la vuelta a la isla.

Si tienes tiempo, puedes tomar un rápido curso y certificarte como buzo; vale la pena, pues pasar dos o tres días en las transparentes aguas de Cozumel, con algunas inmersiones de buceo al día, es una experiencia que te cambia, ya que hará crecer tu visión de la vida.

En las mañanas puedes alinear mente, corazón y energía para observar la potencia de los colores que anuncian un nuevo día, la diversidad de la vida marina y los arrecifes de la isla; en la tarde podrás concentrarte en la suave tranquilidad del susurro del mar turquesa, admirando el sol, moviendo sus reflejos en las playas solitarias.

CANCÚN

Las playas de Cancún volvieron mundialmente famoso a este destino, diseñado para impactar; la mejor forma de conocerlas es caminar por la costa, rentar una habitación en un *resort*, jugar en la arena y disfrutar de la transparencia del mar.

Su fama fue la que impulsó el desarrollo del resto de la costa quintanarroense, aunque las mejores playas están en sus cercanías: Punta Nizuc y Punta Sam, Isla Mujeres y su Museo Subacuático Marino.

Si comenzaste el recorrido en Chetumal, cuando llegues al final de la ruta perderás el aliento en la solitaria Isla Contoy, donde podrás caminar, nadar y contemplar el mar turquesa, la playa blanca y la selva verde, el triunvirato clave del éxito de Cancún.

Si tu recorrido comienza aquí, no hay mejor entrada para ver cómo era la tierra sagrada maya.

ISLA MUJERES

Isla Mujeres es una localidad de contrastes; la antigua arquitectura de la isla tropical la vuelve única en la península. Si bien, las opciones son pocas, cada una vale la pena; se puede rodear la isla corriendo, en bicicleta, motocicleta o carrito de golf; caminar por el jardín escultórico, admirar el amanecer por el Este y el atardecer por el Oeste, y por supuesto nadar en la tibias y vivificantes corrientes del mar.

Hace más de diez años un grupo de escultores talló cien estatuas para colocarlas en el mar, con la idea de que el agua, el musgo y los corales se hicieran cargo de ellas; así nació un museo escultórico bajo el agua, de ciento cincuenta metros cuadrados. Se puede admirar desde arriba, en una lancha con fondo de cristal, a media distancia con esnórquel y frente a frente buceando.

RECOMENDACIONES

Quintana Roo es un estado seguro; sólo debes checar los precios, siempre pregunta en dos o tres lugares, para estar seguro de que no pagas de más.

La mejor forma de recorrer esta ruta es en coche; también puedes transportarte en taxis públicos o particulares de un pueblo a otro.

Los mosquitos, en la selva y las zonas arqueológicas. son abundantes; es indispensable llevar repelente.

Visita la reserva de Sian Ka' an, uno de los lugares paradisíacos del mundo.

La experiencia de buceo en Quintana Roo es única, cavernas, cenotes, una impactante cadena de arrecifes, el atolón de Mahahual y Cozumel.

Si vas a entrar al mar, encarga el cuidado de tus pertenencias en algún restaurante.

Esta ruta se puede combinar con **Chiapas**.

4. YUCATÁN

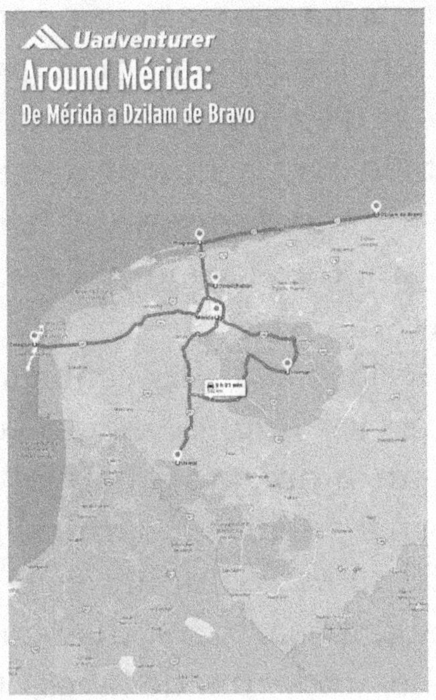

YUCATÁN ES sede de dos de las pirámides más impresionantes del mundo: Uxmal y Chichen Itzá, aunque hay muchas otras para explorar. La capital es Mérida, la Blanca, la ciudad más limpia de México, ideal para conocer la suntuosidad de la comida yucateca: huevos motuleños, cochinita pibil, queso relleno, sopa de lima, papadzules, *poc chuc*, salbutes, panuchos y una alta diversidad de marisco fresco.

En este recorrido podrás nadar en cenotes, hay más de mil en la península; aconsejo ir a los de

Homún, para nadar en pequeñas cavernas y ver la luz irrumpir en las cuevas mientras estás en el agua. Pero el agua no solo está en cenotes subterráneos, también hay a flor de tierra; además de varias playas, como Progreso, Chelem, San Crisanto y Celestún, donde podrás observar miles de flamencos rosas.

Además de la playa, los cenotes y las ruinas, hay pueblos en los que el pasado convive con el presente, en un ambiente Colonial único; así lo constatan los tres pueblos amarillos: Izamal, Valladolid y Tizimín. Para culminar este diverso viaje, es recomendable pasar unos días en Holbox, una isla del Caribe, rodeada de aves, tiburones ballenas –en temporada– y bioluminiscencia nocturna.

La mejor forma de empezar el viaje es tomar como base la hermosísima ciudad de Mérida, y realizar viajes de ida y vuelta, hacia uno y otro destino, hasta que le toque turno a Ría Lagartos y Chiquilá, desde donde parte la lancha a Holbox. Todo esto si sigues los caminos o sacbé de Mérida.

MÉRIDA

La ciudad de Mérida es el corazón de Yucatán; en el centro está la Plaza Grande, y no hay mejor lugar para comer comida yucateca, Patrimonio Intangible de la Humanidad, para comenzar el recorrido. Dos restaurantes destacan en el centro, El Museo de la Gastronomía Yucateca y Chaya Maya, donde la experiencia culinaria es inolvidable.

Los básicos a probar son la cochinita y el pollo pibil. El pibil es un adobo de axiote, exclusivo de la cocina de aquella zona; otra opción es el queso relleno, un platillo que combina queso holandés con carne molida; sobresalen por su sabor el *poc chuc* – carne de cerdo con naranja– , la sopa de lima, los tamales y el relleno negro.

Después de desayunar, comer o cenar, se puede dar una agradable y digestiva caminata por Paseo Montejo, avenida flanqueada en ambos lados por mansiones que rememoran la riqueza de la región y la sociedad de castas.

El calor es una certeza en esta ciudad, así que se recomienda caminar con sombrero y un agua de horchata en la mano (agua de arroz con canela) o de chaya (planta verde de la región), y en la otra una cerveza, la bebida más solicitada de la región.

En Mérida está el Gran Museo del Mundo Maya, recinto que reúne la colección de objetos prehispánicos más grande sobre aquella civilización; ahí se puede conocer la historia de la región, el avance y decadencia de la cultura maya, a lo largo de los siglos.

Lo mejor de Mérida es caminarla hasta el cansancio, sentarse a disfrutar de la tarde con un troje helado y observar a la gente bailar, cantar y gritar en sus calles y en la plaza. La amabilidad y paciencia de los locales es gratificante y está en perfecta sinergia con la tranquilidad con la que transcurre el tiempo.

UXMAL

La gran pirámide de Uxmal mide treinta y cinco metros de altura, y parece proteger aquello que se encuentra a su alrededor, pues da la impresión de abrazar a las construcciones aledañas, adornadas con tallados en piedra de serpientes bicéfalas y máscaras de Chaac, dios que con su nariz retorcida parece observar a los visitantes que diariamente acuden a sus pirámides, juegos de pelota, casas y palacios.

Después de las horas necesarias para cubrir la zona arqueológica, se puede pasear por sus cercanías, conocer la fábrica de chocolate, comer en alguno de sus restaurantes, y al regresar hacer una parada en las ruinas de Kabah, pequeñas y con infraestructura en desarrollo; como tiene menos construcciones, están casi vacías, por lo que podrás observar los detalles de cerca y sin prisa; ya verás que tiene un encanto especial.

HOMUN

El siguiente punto de la ruta son los Cenotes de Homún; en Yucatán hay más de ocho mil ojos de agua; creo que los más interesantes son los que están bajo tierra. Vive la sensación de abandonar el sol de la superficie, guarecerte en una cueva y nadar en su agua cristalina. Una experiencia diferente y permanente.

Debido al enorme número de cenotes, recomiendo visitar varios en un día; un maratón de ojos de agua: caminar al sol, entrar en una cueva y nadar en el agua subterránea; después, repetir los tres pasos mágicos, y culminar con la bendición de las aguas subterráneas, consideradas pasajes al inframundo por los mayas.

Al terminar el recorrido, nada mejor que cenar en los restaurantes de la zona; cada día de tu estancia puedes probar un platillo diferente de comida regional; y si aún te queda energía, el remate ideal sería un temazcal; ritual ancestral que consiste en entrar en un espacio reducido, oscuro y cerrado, donde se introducen piedras, naranjas por el fuego, mientras un chamán canta y vierte agua sobre ellas, lo cual hace emerger el vapor purificador que simboliza el nacimiento del ser humano.

Izamal

Izamal es un excelente ejemplo de los pueblos del interior de Yucatán. Al llegar y ver las primeras casas, sorprende la combinación de amarillo y ocre con que están pintadas casi todas las fachadas; se siente como si el calendario hubiera retrocedido doscientos años. La tranquilidad introspectiva del lugar no tiene parangón. No dejes de visitar el convento de San Antonio de Padua, la pequeña pirámide y su cenote.

Es un buen lugar para reflexionar y encontrarse a uno mismo; también para desayunar, caminar maravillado y luego dirigirse a conocer la zona arqueológica maya más importante del mundo

CHICHEN ITZÁ

En la pirámide de Kukulcán (el Quetzalcóatl maya), grandes cabezas de serpiente descansan en su nívea base, y sus sombras parecen avanzar durante el equinoccio de primavera.

El juego de pelota muestra la historia de cómo, en aquellos encuentros deportivos, los vencedores se sacrificaban a los dioses. Los tzompantlis, paredes recubiertas con cráneos humanos, el observatorio y las estatuas de Chac Mool son algunas de las construcciones más sobresalientes.

Tu visita puede durar de dos a seis horas, después de esta importante parada, puedes dormir en el pueblo del lugar, Petén, regresar a Mérida o tomar rumbo hacia Valladolid y dormir ahí; lo ideal es ir directamente al comedor que está cerca de la plaza central y probar la comida típica de la región: los lomitos de Valladolid.

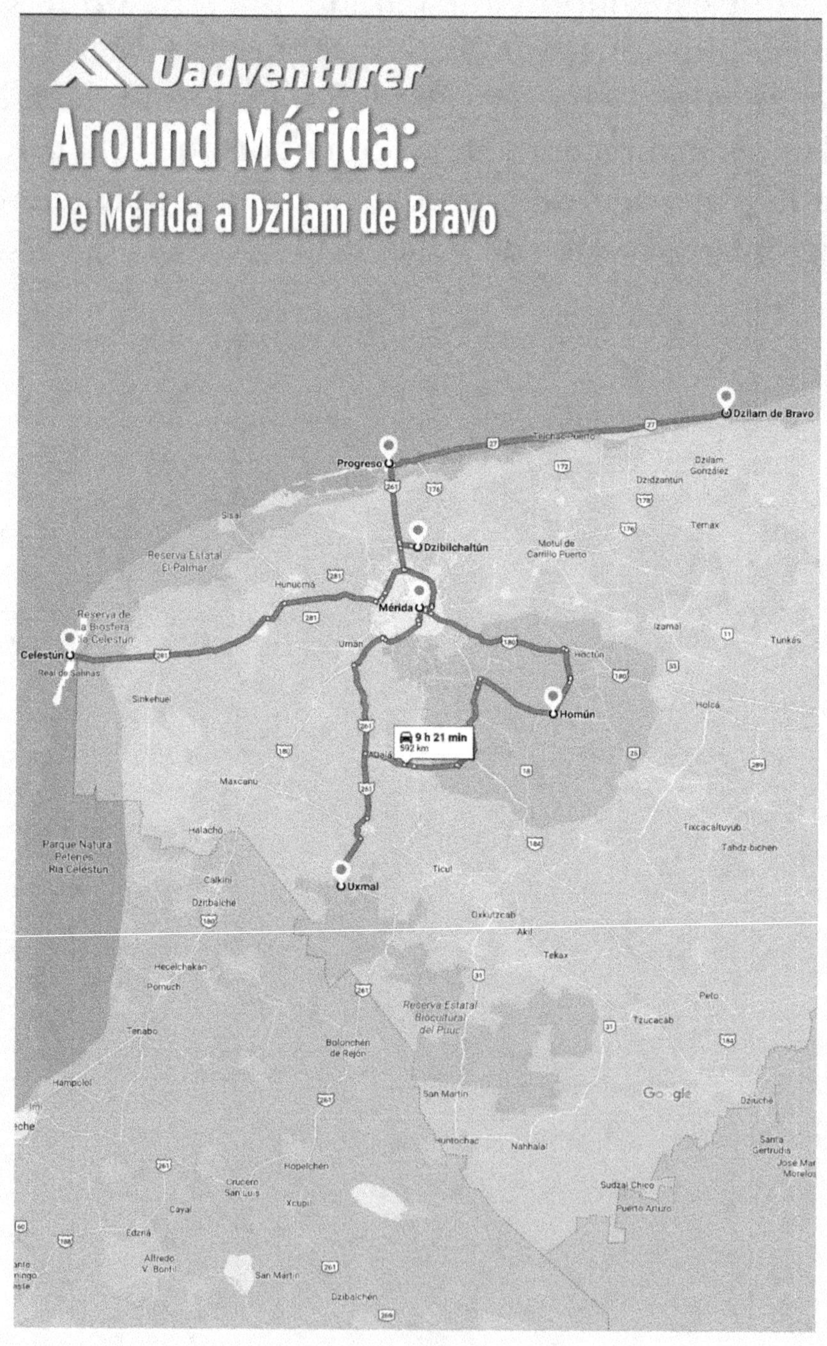
Uadventurer
Around Mérida:
De Mérida a Dzilam de Bravo
Dzilam de Bravo
Progreso
Dzibilchaltún
Mérida
Celestún
Homún
9 h 21 min
592 km
Uxmal

PROGRESO, SAN CRISANTO Y DZILAM DE BRAVO

Esta ruta que parte de Mérida cruza varias playas; la primera es Progreso, un amplio puerto con malecón, donde hay varios restaurantes y un larguísimo muelle que se pierde en el horizonte; por una módica suma tendrás derecho a una mesa con sombrilla y camastros, y si lo deseas servicio a la palapa.

Al seguir por la carretera de la costa se llega a tres pequeños pueblos: Telchac, San Crisanto y Dzilam de Bravo, cuyas playas están poco desarrolladas turísticamente, así que uno puede nadar horas y horas en el mar; debido al poderoso sol de la zona, es indispensable llevar una sombrilla o casa de campaña para poder estar en la playa, sobre todo en el último de estos puertos. En Dzilam de Bravo se pueden comer mariscos frescos, así como hacer *tours* en lancha y ver una infinidad de aves en el cielo, en los manglares y planeando cerca del agua.

CELESTÚN

El flamenco rosa es una de las aves representativas de la región; su contemplación es un espectáculo natural que deja huella; además de la fuerte impresión que da ver la congregación de miles de estas particulares aves, en su hábitat natural, se suma la galante delicadeza del movimientos de sus parvadas.

Si quieres ver flamencos debes visitar Celestún, un pueblo pesquero en el que conviven la ría (un río de agua salada), los manglares y la playa. En este poblado, detenido en el tiempo, se puede hacer un recorrido en lancha para ver pavos, patos, cocodrilos y armadillos, entre muchos otros animales.

RÍA LAGARTOS

Al día siguiente puedes desayunar en el comedor del centro histórico y pasear por uno de los pueblos coloniales más bonitos de México. Hay una amplia variedad de cenotes para visitar en sus cercanías; una buena ruta es, primero ir al cenote Suytun, luego seguir por la hacienda Chukum, y después Palomitas, Agua Dulce y Xcanatún, todos están a corta distancia. Otra opción es la ruta de cenotes de Dzitnup. Si no quieres dedicarle un día al recorrido de cenotes, puedes sólo visitar el cenote Zací, que está en pleno centro de la ciudad.

Una vez concluido el paseo por Valladolid, a sólo dos horas está Ría Lagartos, es importante que llegues antes de medio día, para que puedas realizar el *tour* completo en ese lugar, un recorrido en lancha por un manglar repleto de aves multicolores.

A un par de kilómetros están Las Coloradas, lagunas rosadas que deben su tono característico a la sal. En una de las pozas puedes meterte al agua y flotar como en el mar Muerto, debido a la alta concentración de cloruro de sodio en el agua.

Después de esta experiencia se navega hasta la tierra del barro maya, donde uno queda cubierto por el exfoliante natural que después lavará el mar. Al final del recorrido, un clavado en las aguas del mar del Golfo de México, para limpiarte el lodo.

HOLBOX

Holbox es una pequeña isla del Caribe, este pueblo se encuentra frente a la costa, justo en la frontera con Quintana Roo; para llegar hay que manejar hasta Chiquila, que está a dos horas de Ría Lagartos, y de ahí tomar un ferry de treinta minutos a la isla.

Holbox está dedicado a la pesca y el turismo; se puede gozar la playa como en ningún otro lugar de Yucatán, pues a pesar de su extensión, está casi despoblada; la tranquilidad del mar que la acaricia emula a una alberca, por no hablar de la impresionante cantidad de aves que la habita.

La estancia en la isla resulta sumamente relajada; durante el día aconsejo realizar un recorrido en lancha, para conocer los alrededores de la isla y practicar esnórquel; se puede navegar en kayak por los manglares, así como hacer *tours* de pesca; el más recomendado es ir a Cabo Catoche. De mayo a septiembre llega a sus costas el tiburón ballena, el pez más grande del mundo.

En las noches se puede salir a cenar, en algunas de sus playas y en el centro del pueblo hay bares y restaurantes; la especialidad es la pizza de langosta, también hay marisquerías, taquerías y comida italiana.

Para terminar la ruta, recomiendo meterse al mar en la noche estrellada, mover el agua en medio de la oscuridad y ver como se ilumina en neón. Dicha bioluminiscencia se da en pocos lugares; éste es uno de ellos, así es que al final del viaje brillarás de contento en medio del mar.

RECOMENDACIONES

La comida yucateca es uno de los grandes tesoros de México, trata de comer un platillo diferente cada día, hasta que los pruebes todos; si te cae pesada, toma sales de uvas y agua mineral. Se aconseja caminar después de comer, para ayudar a la digestión.

Los mosquitos, en la selva y las zonas arqueológicas, son abundantes; no olvides el repelente.

Yucatán es uno de los estados más seguros de México así que puedes recorrerlo con tranquilidad; toma las precauciones propias de cualquier viaje.

Hay más de mil cenotes en la península, aconsejo visitar al menos tres, para poder hacer una comparación fundamentada.

La mejor forma de realizar estos recorridos es en auto o *tours* privados.

Si vas a entrar al mar, deja tus cosas encargadas en algún restaurante.

Esta ruta se puede combinar con **Chiapas** y **Quintana Roo**.

5. CHIAPAS

Uadventurer
Chiapas:
De Tuxtla Gutiérrez a Lagunas de Montebello

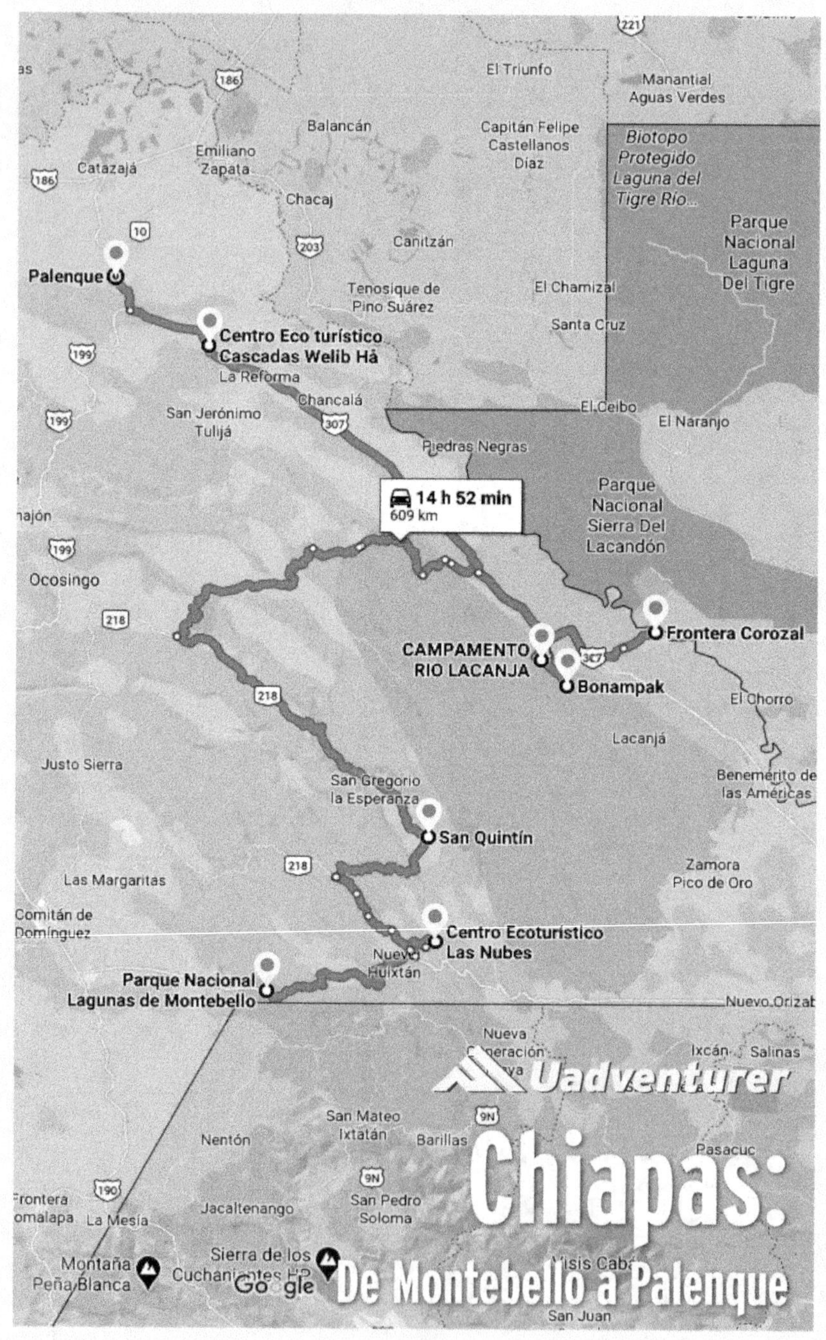
El Triunfo
Manantial
Aguas Verdes
Balancán
Capitán Felipe
Castellanos
Díaz
Emiliano
Zapata
Catazajá
Biotopo
Protegido
Laguna del
Tigre Río...
Chacaj
Canitzán
Parque
Nacional
Laguna
Del Tigre
Palenque
Tenosique de
Pino Suárez
El Chamizal
Santa Cruz
Centro Eco turístico
Cascadas Welib Há
La Reforma
Chancalá
San Jerónimo
Tulijá
El Ceibo
El Naranjo
Piedras Negras
Parque
Nacional
Sierra Del
Lacandón
14 h 52 min
609 km
Ocosingo
Frontera Corozal
CAMPAMENTO
RIO LACANJA
Bonampak
El Chorro
Lacanjá
Justo Sierra
Benemérito de
las Américas
San Gregorio
la Esperanza
San Quintín
Las Margaritas
Zamora
Pico de Oro
Comitán de
Domínguez
Centro Ecoturístico
Las Nubes
Nuevo
Huixtán
Parque Nacional
Lagunas de Montebello
Nuevo Orizab
Nueva
Cooperación
Ixcán
Salinas
Uadventurer
San Mateo
Ixtatán
Barillas
Pasacuc
Nentón
Frontera
omalapa
La Mesía
Jacaltenango
San Pedro
Soloma
Chiapas:
Montaña
Peña Blanca
Sierra de los
Cuchani...tes HP
Google
De Montebello a Palenque
San Juan

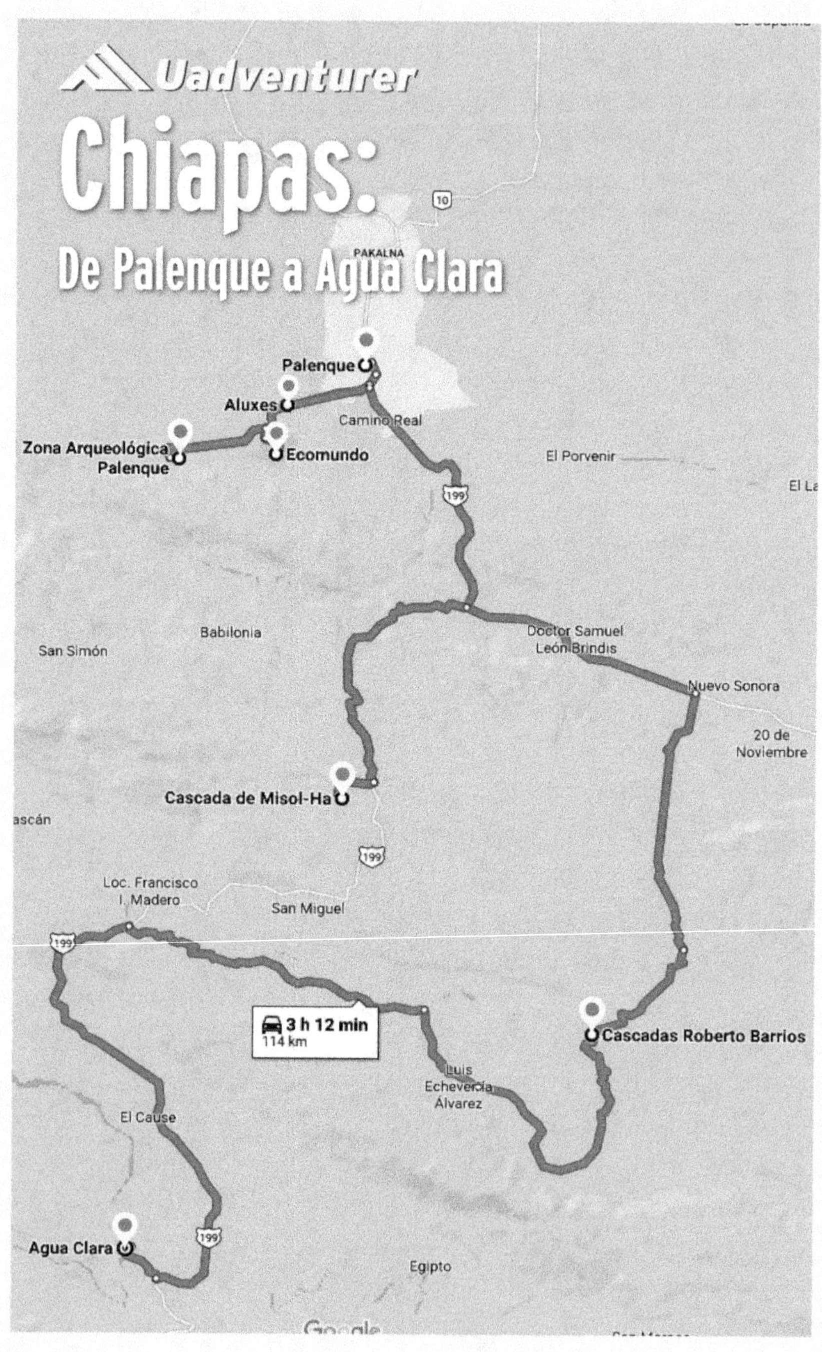
Uadventurer
Chiapas:
De Palenque a Agua Clara
PAKALNA
10
Palenque
Aluxes
Camino Real
El Porvenir
Zona Arqueológica Palenque
Ecomundo
199
Babilonia
Doctor Samuel León Brindis
San Simón
Nuevo Sonora
20 de Noviembre
Cascada de Misol-Ha
199
Loc. Francisco I. Madero
San Miguel
199
3 h 12 min
114 km
Cascadas Roberto Barrios
Luis Echeverría Álvarez
El Cause
Agua Clara
199
Egipto
Google

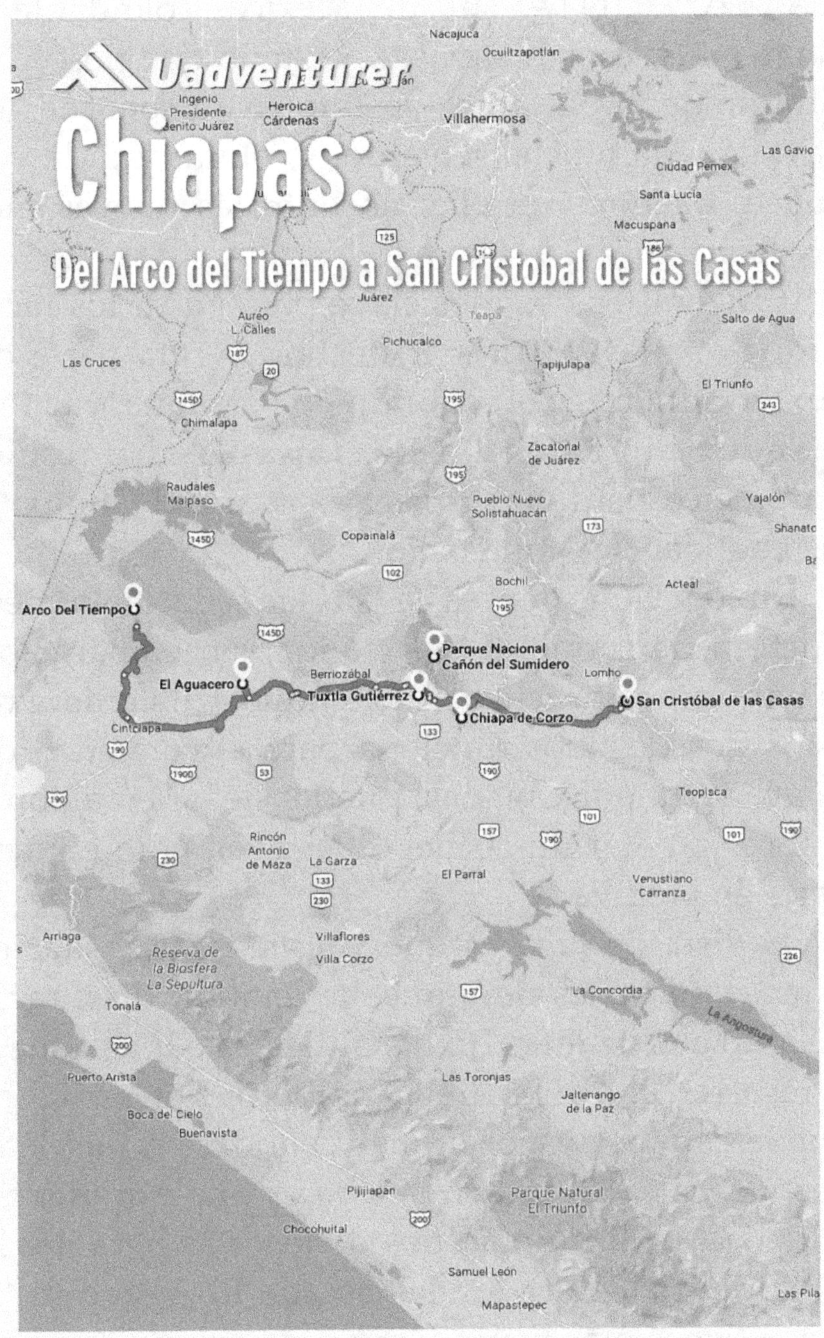
Uadventurer
Chiapas:
Del Arco del Tiempo a San Cristobal de las Casas
Nacajuca
Ocuiltzapotlán
Villahermosa
Las Gavio
Ingenio Presidente Benito Juárez
Heroica Cárdenas
Ciudad Pemex
Santa Lucía
Macuspana
Juárez
Teapa
Salto de Agua
Auréo L. Calles
Pichucalco
Tapijulapa
El Triunfo
Las Cruces
Chimalapa
Zacatonal de Juárez
Raudales Maipaso
Pueblo Nuevo Solistahuacán
Yajalón
Shanato
Copainalá
Bochil
Acteal
Arco Del Tiempo
El Aguacero
Berriozábal
Parque Nacional Cañón del Sumidero
Lomho
Tuxtla Gutiérrez
San Cristóbal de las Casas
Cintlapa
Chiapa de Corzo
Teopisca
Rincón Antonio de Maza
La Garza
El Parral
Venustiano Carranza
Arriaga
Villaflores
Villa Corzo
Reserva de la Biosfera La Sepultura
La Concordia
La Angostura
Tonalá
Puerto Arista
Las Toronjas
Jaltenango de la Paz
Boca del Cielo
Buenavista
Pijijiapan
Parque Natural El Triunfo
Chocohuital
Samuel León
Las Pila
Mapastepec

EN LA PUNTA sur de México, colindante a Guatemala, está Chiapas, un estado que posee un cúmulo de impactantes destinos para conocer. Todavía queda mucha selva por explorar y cada vez que te adentres en ella, encontrarás nuevas maravillas.

Existen tres destinos clave para inicar los recorridos o rutas. El primer destino y ruta parte de Tuxtla Gutiérrez,; el segundo de Palenque, y el tercero de San Cristóbal de las Casas, el cual resulta estratégico para visitar las cascadas del Chiflón y las Lagunas de Montebello.

Tuxtla Gutiérrez es la ciudad con la infraestructura de servicios más sólida; sin embargo, el mayor centro turístico es Palenque. Cualquiera de estos dos destinos funciona para el comienzo de tu aventura por Chiapas; puedes llegar en avión a ambos y rentar un coche, o llegar en auto e internarte en la selva.

La lista de lugares que vale la pena visitar es extensa. Si tienes de quince a veintiún días, recomiendo aterrizar en Tuxtla Gutiérrez e ir a conocer y recorrer el Cañón del Sumidero, por arriba se puede caminar y por el medio andar en bicicleta; después, atravesarlo en lancha es una experiencia religiosa. Utiliza uno o dos de tus días para ir a la Sima de las Cotorras y la cascada El Aguacero; si acaso tienes más tiempo, puedes hacer una excursión al arco más grande del mundo: el Arco del Tiempo, o hacer *rafting* o kayak en el río La Venta.

Ya sea que pases un día o cinco en Tuxtla Gutiérrez, el siguiente paso será manejar con dirección a San Cristóbal de las Casas. En el trayecto puedes visitar Chiapa de Corzo y la cascada El Chorreadero, de forma fugaz o con calma, pasear por la gruta y hacer un recorrido de espeleología y rappel, Puedes conocer ambos destinos en un día.

En San Cristóbal de las Casas el ambiente es tranquilo y sirve como sede para realizar muchas actividades, aunque también puedes visitarlo únicamente para introducirte en la selva Lacandona. En los alrededores están los pueblos de Amatenango y San Juan Chamula. Si quieres algo más natural puedes ir a las Grutas de Rancho Nuevo.

La naturaleza de Chiapas es amable y despampanante, lo podrás reafirmar cuando llegues a las cascadas de El Chiflón y te dejes atrapar por la brisa turquesa de las pozas de sus aguas de ensueño. Al día siguiente, puedes visitar algunas de las cincuenta lagunas de colores de Montebello, y después de contemplar el armonioso fluir de sus ondas, ir a las cascadas de Las Nubes y sentir el estrépito del agua; después, podrás dirigirte a Miramar, una de las lagunas vírgenes del estado.

Luego, atraviesa la Reserva de la Biosfera de los Montes Azules, hasta llegar al Campamento

Río Lacanja, donde sale la balsa que te lleva a Bonampak; si prefieres, puedes llegar por carretera a Bonampak en la mañana, después ir a Frontera Corozal, subir a una lancha y visitar Yaxchilán, para maravillarte con sus pinturas rupestres bien conservadas.

Posteriormente, avanza con dirección a Palenque. En el camino te encontrarás con la cascada Welib Há y las lágrimas acudirán a tus ojos; sigue hasta el pueblo de Palenque y visita sus selváticas ruinas. Puedes ir a los parques ecoturísticos Ecomundo o Aluxes, hacer la ruta de cascadas de Misol Ha y Roberto Barrios en un día, y el siguiente dedicarlo a las cascadas de Agua Clara y Agua Azul.

Es la ruta más larga, si tu tiempo es limitado, como de diez días, puedes pasar un día en Tuxtla, otro en San Cristóbal, uno o dos días para descubrir Montebello y Las nubes; en Palenque, un día para explorar la zona arqueológica y otro para Misol Ha, donde hay cascadas de agua azul, o Roberto Barrios, para estar cerca de las zonas arqueológica de Bonampak y Yaxchilán, las cuales puedes visitar en uno o dos días.

Si tienes una semana de vacaciones, la opción es ir a Palenque y conocer sus alrededores. Es realmente inolvidable recorrer la zona arqueológica de ruinas mayas enclavadas en la selva, los parques naturales y las cascadas.

RUTA 1: PALENQUE Y ALREDEDORES

El mejor destino turístico de Chiapas es, sin duda, Palenque; también es el más visitado, pues en medio de la selva hay ruinas, parques, cascadas y lagos donde podrás caminar, nadar, hacer cañonismo, saltos de cascadas y andar en bicicleta, entre otras muchas actividades.

El distintivo que le da nombre al lugar es la zona arqueológica, donde las imponentes construcciones te dejarán sin habla; como la tumba de Pakal, en medio de la selva. Después, te puedes refrescar en los diferentes parques de cascadas, Misol Ha, las Cascadas de Agua Azul y Roberto Barrios. En algunos se puede nadar, saltar desde lo alto de la cascada y descubrir cuevas submarinas.

En el mapa están marcados los diferentes destinos, la mayoría están a menos de una hora de Palenque, con excepción de Bonampak y Yaxchilán, que están, más o menos, a dos horas; puedes ir en un día a los dos sitios arqueológicos, o quedarte a dormir en Campamento Lacanjá y aprovechar para hacer *rafting*.

A continuación, una breve descripción, para que definas la ruta a seguir, en base a tus gustos.

BONAMPAK Y YAXCHILÁN

Enclavadas en la selva chiapaneca, iluminadas por el fuerte sol o desprendiéndose de la neblina, se asoman las ruinas de Palenque, otrora una de las ciudades más importantes de la región. La construcción más grande, y que nunca olvidarás, es el Palacio; se yergue desde su plataforma selvática y alcanza prodigiosas alturas, desde donde se puede admirar la selva de forma majestuosa.

La tumba de Pakal también es impresionante, su interior está llena de glifos que narran la historia del señor de la región, K'inich Janaab-Pakal. También sobresalen los templos que la rodean, los cuales parecen pirámides que tienen una pequeña habitación en la cima.

El recorrido por el sitio arqueológico lo puede hacer uno mismo, aunque recomiendo contratar guías regionales, para aprovechar al máximo la experiencia.

Para llegar a Yaxchilán hay que ir a Frontera Carrozal, tomar una lancha y cruzar el río Usumacinta; paseo que cuenta con la virtud de que, mientras navegas, contemplarás de un lado México y del otro Guatemala. La zona arqueológica está escondida, sepultada en la selva.

Durante el recorrido de las ruinas se atraviesa El Laberinto, una intrincada red de oscuras habitaciones de piedra, hasta llegar a la Gran Plaza, donde hay ceibas gigantes, así como diferentes estelas. Cuando llegues a la Gran Acrópolis, podrás contemplar los jeroglíficos del Pájaro Jaguar.

Al final del recorrido hay que tomar la lancha de regreso; el pueblo cuenta con un centro ecoturístico de rústicas habitaciones y un restaurante. Vale la pena pasar la noche viendo estrellas y escuchando a los monos aulladores.

Bonampak es la zonas arqueológica más pequeña de la región; con pocas construcciones, posee una estela que mide casi seis metros y una maravilla de la arquitectura y la historia, el Templo de los Murales, que resguarda tres cuartos llenos de coloridas pinturas rupestres; además, en los dinteles de las puertas hay grabados en excelente estado de conservación.

Centro Ecoturístico Lacanja: Si quieres visitar Bonampak y Yaxchilán de forma tranquila, puedes dormir en este centro ecoturístico. Ahí puedes contratar guías lacandones que te lleven a recorrer la selva, a la Cascada de Moctuniha; recorridos por la selva en balsa, o hacer *rafting* en el río Lacanjá, algunos paseos duran unas horas y otros hasta dos días. En el recorrido de dos días, primero navegarás el río en lancha, hasta llegar a la zona arqueológica de Lacan Ha; al día siguiente volverás al río, esta vez con dirección a Bonampak.

AGUA AZUL

Cascadas de Agua Azul, hay que verlas para creer que existen. Normalmente, cuando vas a una cascada, únicamente admiras, caminas y si tienes suerte te sumerges un rato en el agua. En los parques de cascadas de Chiapas esta experiencia es diferente; por ejemplo, no sólo hay una, sino casi una docena de diferentes caídas de agua, de diversas formas, colores y tamaños; las más impresionantes son de un transparente azul cobalto; tan imponentes que algunas únicamente se pueden ver, en otras jugar, pero otras se pueden cruzar.

La alegría repara en los ojos y los oídos, gracias a la mezcla del sonido del agua azul en contraste con el paisaje verde. En cada caída experimentarás algo diferente, desde remansos de agua, pequeñas brisas y suave llovizna, hasta verdaderos torrentes. Hay cabañas para pasar la noche, así como algunos restaurantes.

ROBERTO BARRIOS

En las Cascadas Roberto Barrios la experiencia es similar a la de Agua Azul, pero un poco más pequeña y con el agua de otro color. La atracción principal es dejarse caer por una cascada resbaladilla y nadar en el agua fría, que se agradece por el denso calor del ambiente.

MISOL HA

Misol Há es una oportunidad para explorar una cascada desde distintos puntos de vista. Puedes subir al mirador, verla detrás de la caída y sentir la brisa de la cortina de agua, o ir a la gruta de cincuenta metros de profundidad, de donde nace un riachuelo que desemboca en la cascada. El complejo turístico cuenta con cabañas rústicas y un restaurante.

WELIB HA

Las Cascadas Welib Há están conformadas por varios chorros de agua que caen a una sola poza, el musical sonido de los chorros y la frescura del lugar, apostado en la selva, son un secreto por descubrir.

AGUA CLARA

Agua Clara es ideal si deseas nadar sin trabas, a lo largo y ancho, hacer kayak o canotaje en cayuco. El nombre de la región se debe a la prístina coloración de la diáfana agua azul y verde.

RUTA 2: TUXTLA GUTIÉRREZ Y ALREDEDORES

Tuxtla Gutiérrez tiene el mejor aeropuerto de la región, además de estar bien conectado por carretera; desde Veracruz, vía Coatzacoalcos; desde Tabasco, vía Villahermosa o desde Oaxaca, vía Salina Cruz.

La principal atracción del lugar es el Cañón del Sumidero, que te dejará sin aliento. Se puede admirar desde lo alto de la carrera y recorrerla, a pie, en automóvil o bicicleta, hasta la zona de miradores del cañón. Desde este punto podrás contemplarlo desde una altura de casi dos mil metros, enmarcado en un paisaje panorámico.

La segunda forma de conocerlo es cruzar el medio del cañón; es decir, por la selva; se puede caminar o pedalear en bicicleta. El recorrido cruza pueblos e invernaderos, al lado de una vista impresionantes del cañón y la vegetación. La mayor parte del camino es terracería, aunque se recorren unas partes de carretera. Para este trayecto es casi indispensable tener un guía.

La tercera forma de conocerlo es en lancha, puedes abordar una en el malecón. Desde el agua se aprecia de forma distinta el colosal cañón, con sus majestuosas paredes de piedra que se combinan con el cielo y la selva. Además, te sorprenderá la variedad y cantidad de aves y lagartos que hay en el agua. Durante el trayecto se visitan despeñaderos sorprendentes.

Para los amantes del *mountain bike* hay varios operadores que ofrecen servicio de rutas por pueblos y cascadas cercanas; los que prefieran dar caminatas o hacer *hicking*, hay diversos recorridos que pasan por cascadas, cuevas y pueblos.

En el centro de la ciudad encontrarás la plaza cívica y la catedral de San Marcos, que posee una vista escénica que será una agradable sorpresas, así como un peculiar reloj del que cada hora salen apóstoles. En los alrededores hay un parque llamado La Marimba, y las noches de los fines de semana podrás escuchar el sonido de las marimbas y ver a la gente bailar. En el centro hay varios cafés y dos museos: del café y de la marimba.

Si te gusta la aventura, además del cañón del sumidero y los recorridos en bicicleta que parten de Tuxtla Gutiérrez, también puedes hacer *rappel, hiking* y *rafting* en la Sima de las Cotorras, la cascada El Aguacero y en el Arco del Tiempo.

SIMA DE LAS COTORRAS

Miles de cotorras graznan al amanecer para avisar que han despertado; surgen al vuelo desde una caverna de ciento cuarenta metros de profundidad, hasta llegar a la superficie y agradecer un nuevo día en la selva. Este espectáculo se puede ver diariamente, de marzo a noviembre.

Después puedes hacer *rappel* y bajar los ciento cuarenta metros, admirando durante el descenso algunas pinturas rupestres. Al final, podrás internarte en una cueva húmeda de sesenta metros de profundidad. Si te gusta escalar, puedes ascender hasta la superficie.

Si no quieres rapelear se puede hacer un recorrido perimetral de treinta metros, que le da la vuelta a la depresión rocosa. El lugar cuenta con cabañas y un restaurante.

CASCADA EL AGUACERO

A unos cuantos kilómetros de la Sima de las Cotorras está la cascada El Aguacero. Se llega por arriba, y una vez ahí, se descienden setecientos cuarenta escalones. El paisaje que se ve desde la caída del agua hacia el cielo es sorprendente.

Desde El Aguacero parten varios recorridos en balsa que duran dos días, internándose en el río La Venta hasta llegar al cañón sagrado, que en algunos tramos mide hasta cuatrocientos metros de altura. El paseo es tranquilo, pues es un río Rápido Clase 2; es decir, de rápido no tiene nada, es más bien un paseo en balsa. En la tarde del primer día de excursión, llegarás a la cascada La Conchuda.

El recorrido incluye acampar, lo cual será una experiencia que atesorarás por siempre; pernocta en el cañón y al otro día continua en balsa, hasta llegar a la zona arqueológica de la Media Luna. De ahí se camina al pueblo, donde está el transporte a Tuxtla Gutiérrez o San Cristóbal de las Casas.

ARCO DEL TIEMPO

Se llama el Arco del Tiempo y se dice que es el arco natural más grande del mundo. Con más de doscientos metros de altura, entronizado en medio de la selva, sus paredes resguardan la historia del paso de más de ochenta millones de años; no miento, cuando estés dentro de él, podrás sentir la energía especial que emana de la roca. Para visitarlo, lo primero que hay que hacer es llegar a la colonia Lázaro Cárdenas, en Cintalapa.

Una vez ahí, empieza la expedición de dos días, durante los que caminarás por la selva, propiciando la unión y el entendimiento de espíritu y naturaleza. Después descenderás haciendo *rappel*, sólo o con ayuda, hasta el Arco del Tiempo, donde las estaciones, las época y los lapsos dejan de existir. Una vez que estés en la base del colosal arco, los guías te ayudarán a instalarte, para que pases el día envuelto por su inmensidad.

Puedes nadar en un pequeño lago y caminar hasta llegar a una roca, que está en medio de un islote y contemplar el Arco desde ahí. En la noche, con una fogata en medio de la selva, piérdete en la eternidad de las estrellas. Comenzarás el día siguiente haciendo rappel, una caminata y de regreso al pueblo. El recorrido no tiene igual, para hacerlo necesitas ir acompañado de un guía.

CHIAPA DE CORZO

A sólo quince minutos de Tapachula está Chiapa de Corzo, un pequeño pueblo con kiosco de ladrillo llamado La Pila, rodeado por portales donde se puede comer y pasar la tarde, así como visitar el templo de Santo Domingo y el convento, así como las ruinas de San Sebastián.

Rumbo a San Cristóbal de las Casas está El Chorreadero, una pequeña cascada que brota de una gruta para después formar diferentes pozas. Puedes admirar la belleza de la gruta o aprovechar la cascada para practicar *rappel* o espeleología, siempre apoyándote en operadores y guías locales.

RUTA 3: SAN CRISTÓBAL DE LAS CASAS A MIRAMAR

La ruta más larga y menos conocida de Chiapas es la que empieza en San Cristóbal de las Casas, hacia las cascadas del Chiflón. Sigue hacia las coloridas Lagunas de Montebello, luego ve al encuentro del estruendo de Las Nubes, y de ahí trasládate a San Quintín, para llegar al paraíso ignoto de Miramar.

Ahí podrás regresar en el tiempo y unirte a la ruta larga de Palenque, que pasa por Lacanjá, Bonampak y Yaxchilán, para lo que debes tomar dirección a Frontera Corozal. Tu recorrido culminará en las Cascadas Welib-Ha, terminando la ruta de Palenque.

Si tienes poco tiempo, regresa a Tuxtla Gutiérrez; de lo contrario, toma rumbo a Palenque desde San Cristóbal. Si quieres vivir la experiencia completa, haz la ruta larga: de Las Lagunas de

Montebello a Miramar, de ahí a Yaxchilán y luego a Palenque.

SAN CRISTÓBAL DE LAS CASAS

Este pueblo, ubicado en los altos de Chiapas, enamora a quien lo visita, y las razones son muchas; la principal es el lugar donde está situado; la amalgama de selva, montaña y nubes, que no suele verse en otras partes, te hará sentir en íntima relación con la naturaleza.

El paisaje evoca tiempos ancestrales, apuntalado en el rostro y las voces de la gente, por doquier verás niños, señoras y ancianos de origen tzotzil, tzeltal y chol, ataviados con ropajes coloridos, que se integran a las pequeñas casas de teja; hermosa postal que atrapa la calidad de la vida tranquila que sucede en este rincón, cerca del cielo.

El grato ambiente que define a San Cristóbal es posible gracias a la cultura que se gesta en tiempo presente. Visita alguno de sus museos: el del Cacao, el Museo de los Altos de Chiapas, el Ex Convento de Santo Domingo de Guzmán, el del ámbar y el magnífico Centro de Textiles del Mundo Maya. Otros atractivos son la oferta *gourmet* y la calidad de los acogedores hoteles *bou-*

tique, que vuelven a este pueblo uno de los más románticos de México.

Las calles coloridas y empedradas están realmente en buen estado, al igual que sus inmuebles del periodo Colonial, como la iglesia de San Nicolás, la catedral y el Templo de la Caridad; aunque la estrella arquitectónica es la barroca Iglesia de Santo Domingo.

Si quieres ver el pueblo de forma panorámica, sube al cerro de San Cristóbal o al de Guadalupe y contempla la región. Cerca del cielo, al caminar por sus calles entenderás por qué este pequeño pueblito montañés es uno de los favoritos de los turistas internacionales.

Para conocer dos pueblos igual de interesantes y adentrarte en la región, visita Amatenango del Valle, donde podrás ver a los alfareros crear sus coloridas artesanías de barro. San Juan Chamula, el mejor día para visitar este pueblo es el domingo, día de mercado. Gente local y de pueblos aledaños acude a comprar, vender e intercambiar sus productos; te sorprenderá el funcionamiento de este mercado ancestral, donde se comercian frutas, animales y ropa artesanal tradicional, así como tecnología de punta, artesanía pirata y objetos *made in China*.

Los domingos son días de fiesta en San Juan Chamula, por lo que es común ver gente tomando cerveza en la calle. Aunque la mejor imagen dominical está en la iglesia de San Juan, con decenas de velas de colores, a media luz, que apenas iluminan los rostros de los chamulas arrodillados, rezando a sus santos y ofreciéndoles medios vasos de Coca Cola. En aquel recinto escucharás murmullos en distintos dialectos indígenas, ya que en ese templo cada grupo indígena realiza el rito y ofrenda en su lengua.

Si buscas mayor contacto con la naturaleza, puedes ir al parque ecoturístico Grutas de Rancho Nuevo. Después de agotar el camino donde la fronda tiene un tono único de verde, llegarás a la gruta, un lugar bien iluminado, ataviado por miles de estalactitas y estalagmitas, detenidas en el tiempo; al final de la caverna se abre un tramo, al cual sólo podrás entrar con una lámpara y un guía, donde podrás observar las formaciones de cuarzo y mármol blancos. Otra atracción del parque es un largo tobogán, que se suma a las paredes para escalar, senderos para caminar, tirolesas y caminos para andar a caballo; las actividades varían, incluso hay asadores para pasar un día de campo familiar.

EL CHIFLÓN

El Chiflón es un parque ecoturístico de cascadas; durante el recorrido, caminarás junto al agua siempre, atendiendo su líquido consejo y sintiendo su frescura, y de un momento a otro te llamará una poza o un chorro de agua para que entres a refrescarte. Lo impresionante de estas cascadas es el color azul transparente, casi tan impactante como su longitud y el trazo de sus caídas. Subirás y bajarás diversas escalinatas, hasta llegar a las cascadas El suspiro, Ala de Ángel y, la más grande, Velo de Novia, que tiene una caída, en etapas, de más de ciento veinte metros. El tono y nitidez del agua, la frescura del recorrido, la vasta cantidad de pequeñas pozas y la intensa naturaleza con la que contrastan, provocarán suspiros que evocarán a los ángeles, y Velo de Novia es la culminación perfecta de la conjunción de agua, piedra y movimiento.

LAGOS DE MONTEBELLO

El parque Lagos de Montebello está compuesto por más de cincuenta lagos de diferente tamaño y distintos tonos, algunos verdes y otros azules; aunque únicamente se pueden visitar diez. La excursión consiste en ir de un lago a otro, por el medio de la majestuosa belleza de la selva.

Durante el día se pueden aguzar los sentidos para constatar cómo la luz ocasiona que el agua cambie de color, el verde de los árboles y las nubes la cobijan. Los lagos no son iguales y desembocan en el mismo lugar.

Es un recorrido de ensueño, de repente está soleado y colorido, lleno de nubes; de pronto, aparece el lago, luego la montaña y súbitamente surge la selva; ahí, el movimiento y los cambios de luz nunca terminan.

En algunas lagunas podrás nadar, en otras hacer kayak o rentar un cayuco. Otra sorpresa es la belleza de las orquídeas salvajes que aparecen por doquier. Un buen punto para iniciar y terminar el recorrido es Tziscao, donde hay varios restaurantes, cabañas y guías.

LAS NUBES

En Las Nubes podrás caminar como si estuvieras encima de una tormenta de cascadas. Esta estruendosa formación natural, con jungla lacandona de fondo, te hará sentir el ingente poder del agua, amenizada por multicambiantes colores y estruendo. Caminarás por las veredas del río Santo Domingo, hasta alejarte de la batahola, internándote en la jungla, con paisajes que te robarán el aliento, tanto por la caminata, como por la hermosura del lugar.

Hay un restaurante con acceso al lago, con una vista espectacular, y cabañas para pasar la noche cómodamente; para que, al día siguiente, despiertes con el sonido de las aves y los saraguatos, también conocidos como monos aulladores.

MIRAMAR

Escondido en la selva chiapaneca se encuentra una de las lagunas más grandes y menos visitadas de Chiapas, la Laguna Miramar; para llegar hay que ir a San Quintín y desde ahí caminar por senderos de terracería hasta la laguna, donde podrás hacer apacibles trayectos en lancha por los alrededores. La infraestructura turística es limitada, por lo que además de estos paseos, puedes acampar a la vera del río. Al igual que en el resto de la región, el color del agua cambia del verde al azul conforme al movimiento del sol.

Si quieres hacer el viaje largo, puedes dirigirte al Campamento Río Lacanja y de ahí viajar a Palenque o regresar a Miramar, las Lagunas Montebello o San Cristóbal, y despúes a Tuxtla Gutiérrez.

RECOMENDACIONES

Los destinos de Tuxtla Gutiérrez, San Cristóbal de las Casas y Palenque y sus alrededores, son seguros.

Si decides tomar la ruta larga hacia Las Nubes, Montebello y Yaxchilán, pregunta a los locales cuál es la mejor hora para transportarse o contrata un guía local, y no viajes de noche.

Las distancias entre uno y otro lugar son largas, de dos a cuatro horas entre una y otra.

La carretera, en algunos lugares, no está en buenas condiciones, así que maneja con mucho cuidado.

Las grandes atracciones de esta ruta son naturales, así que ve preparado para caminar, bañarte, arrojarte a cascadas y mojarte con la brisa.

Lleva zapatos anfibios o que tengan una suela antiderrapante, principalmente en las cascadas.

No olvides el bloqueador solar ni el repelente de insectos.

Hay varios lugares donde no hay ni teléfono ni Internet.

Esta ruta se puede combinar con **Quintana Roo**, **Mérida** y **Veracruz**.

6. EL CENTRO DE MÉXICO Y SUS 4 RUTAS

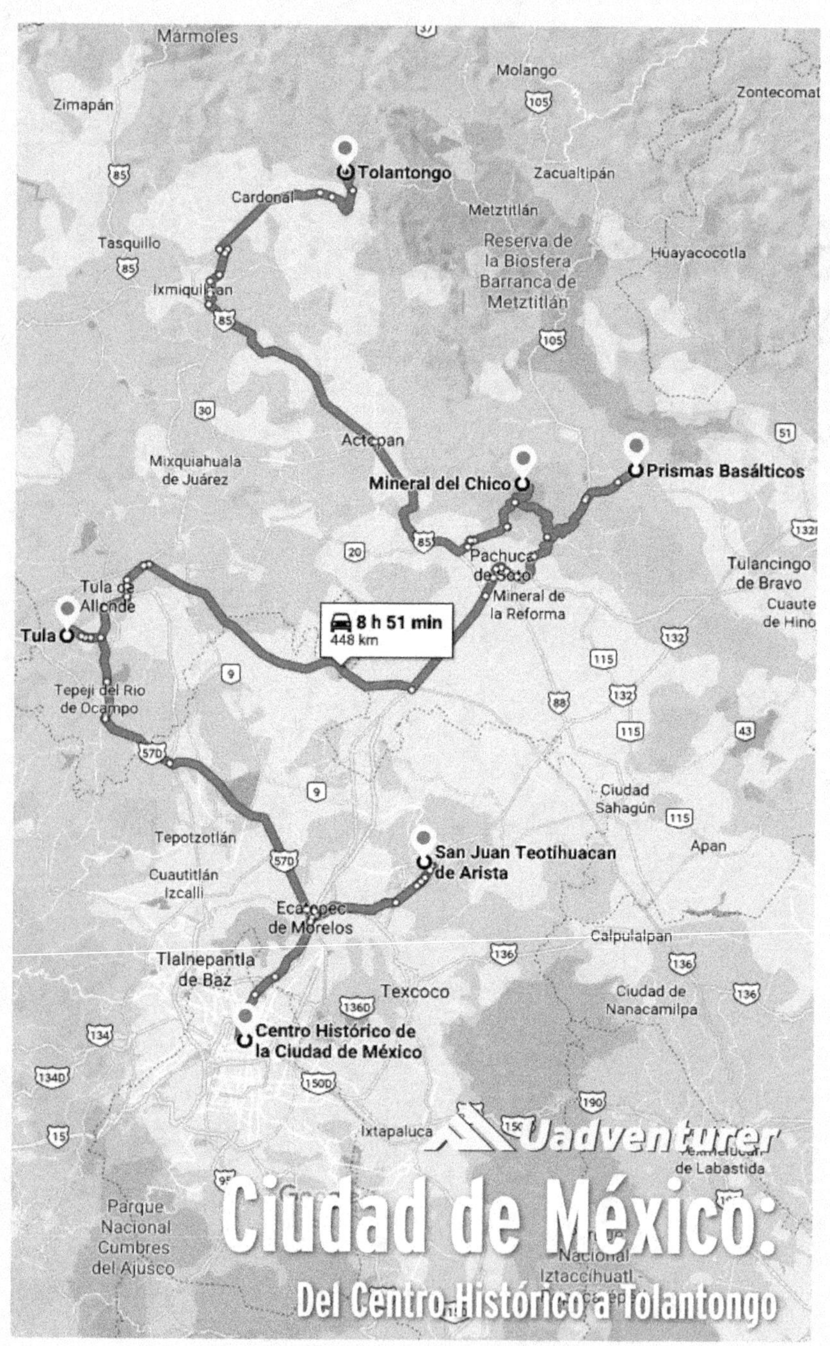
Mármoles
Molango
Zimapán
Zontecomat
Tolantongo
Zacualtipán
Cardonal
Metztitlán
Tasquillo
Reserva de
la Biosfera
Barranca de
Metztitlán
Ixmiquilpan
Huayacocotla
Actopan
Mixquiahuala
de Juárez
Mineral del Chico
Prismas Basálticos
Pachuca
de Soto
Tulancingo
de Bravo
Mineral de
la Reforma
Cuaute
de Hino
Tula de
Allende
8 h 51 min
448 km
Tula
Tepeji del Rio
de Ocampo
Ciudad
Sahagún
Apan
Tepotzotlán
San Juan Teotihuacan
de Arista
Cuautitlán
Izcalli
Ecatepec
de Morelos
Calpulalpan
Tlalnepantla
de Baz
Texcoco
Ciudad de
Nanacamilpa
Centro Histórico de
la Ciudad de México
Ixtapaluca
Uadventurer
de Labastida
Parque
Nacional
Cumbres
del Ajusco
Ciudad de México:
Nacional
Iztaccíhuatl
Del Centro Histórico a Tolantongo

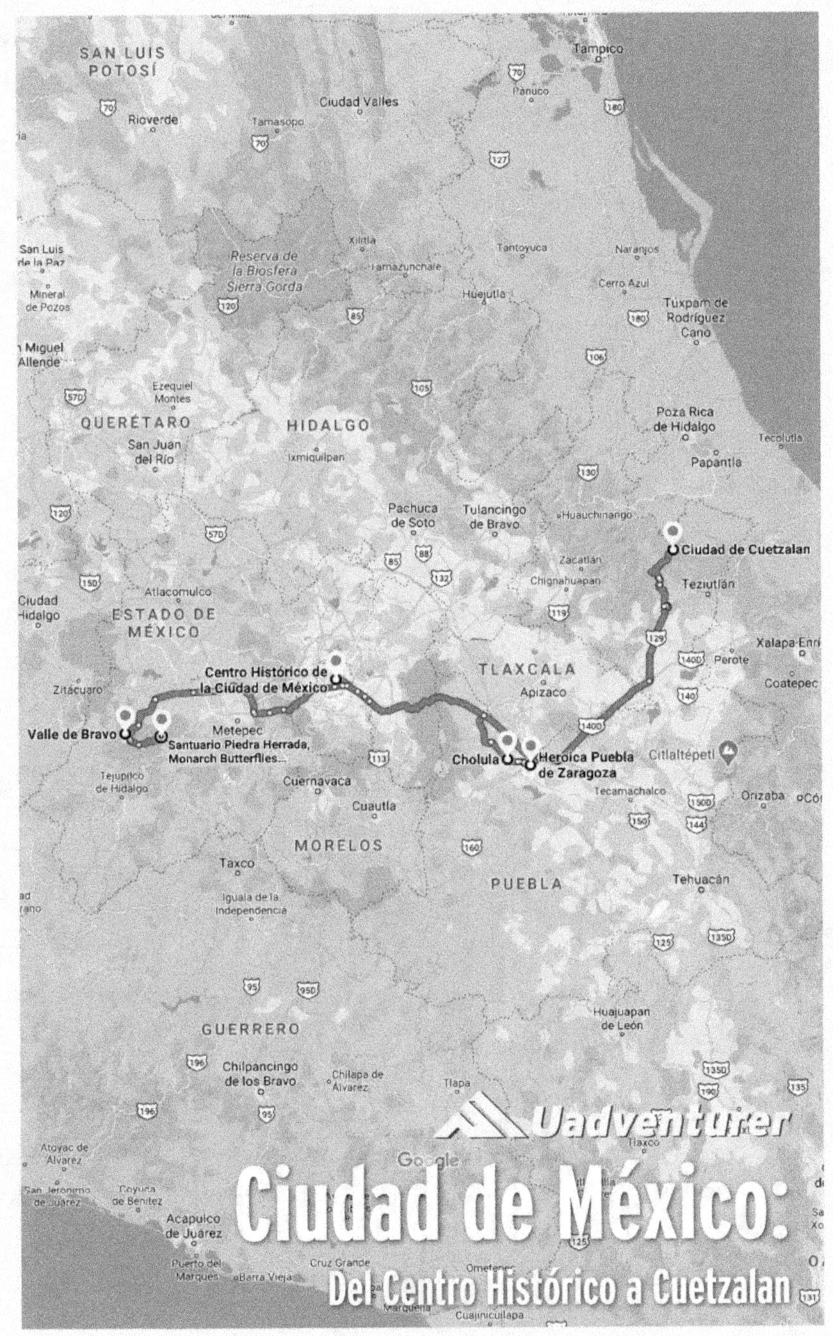
SAN LUIS POTOSÍ
Ciudad Valles
Tampico
Rioverde
Tamasopo
San Luis de la Paz
Reserva de la Biosfera Sierra Gorda
Xilitla
Tamazunchale
Tantoyuca
Naranjos
Cerro Azul
Mineral de Pozos
Huejutla
Tuxpam de Rodríguez Cano
San Miguel Allende
Ezequiel Montes
Poza Rica de Hidalgo
Tecolutla
QUERÉTARO
HIDALGO
San Juan del Río
Ixmiquilpan
Papantla
Pachuca de Soto
Tulancingo de Bravo
Huauchinango
Atlacomulco
Ciudad Hidalgo
ESTADO DE MÉXICO
Zacatlán
Chignahuapan
Ciudad de Cuetzalan
Teziutlán
Xalapa-Enrí
Perote
Zitácuaro
Centro Histórico de la Ciudad de México
TLAXCALA
Apizaco
Coatepec
Valle de Bravo
Metepec
Santuario Piedra Herrada, Monarch Butterflies...
Cholula
Heroica Puebla de Zaragoza
Citlaltépetl
Tejupilco de Hidalgo
Cuernavaca
Tecamachalco
Orizaba
Cuautla
MORELOS
Taxco
PUEBLA
Tehuacán
Iguala de la Independencia
GUERRERO
Huajuapan de León
Chilpancingo de los Bravo
Chilapa de Álvarez
Tlapa
Atoyac de Álvarez
Tlaxco
Uadventurer
Google
San Jerónimo de Juárez
Coyuca de Benítez
Ciudad de México:
Acapulco de Juárez
Puerto del Marqués
Barra Vieja
Cruz Grande
Ometepec
Del Centro Histórico a Cuetzalan
Marquelia
Cuajinicuilapa

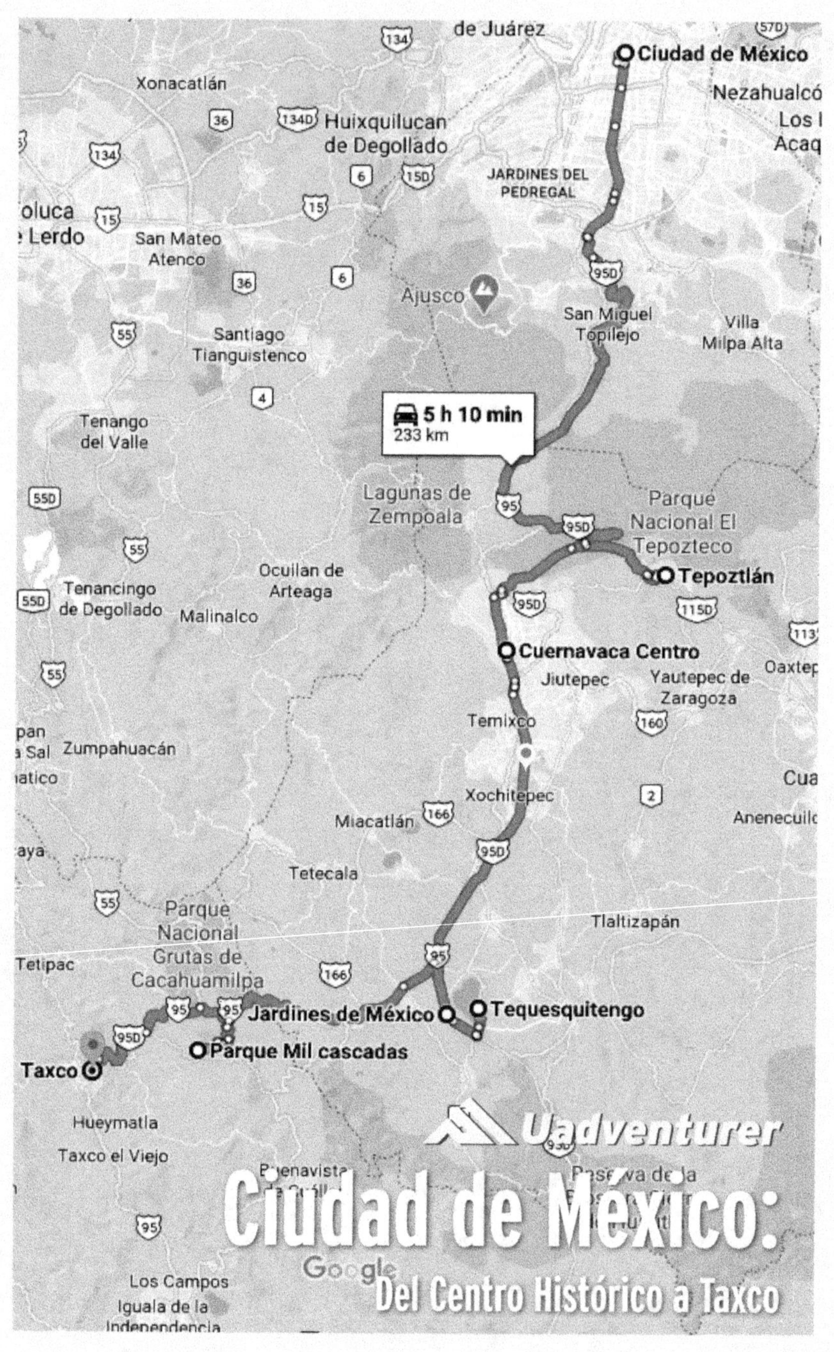

de Juárez
Ciudad de México
Xonacatlán
Nezahualcó
Los
Acaq
Huixquilucan
de Degollado
JARDINES DEL
PEDREGAL
oluca
e Lerdo
San Mateo
Atenco
Ajusco
San Miguel
Topilejo
Villa
Milpa Alta
Santiago
Tianguistenco
5 h 10 min
233 km
Tenango
del Valle
Lagunas de
Zempoala
Parqué
Nacional El
Tepozteco
Tepoztlán
Ocuilan de
Arteaga
Tenancingo
de Degollado
Malinalco
Cuernavaca Centro
Jiutepec
Yautepec de
Zaragoza
Oaxte
Temixco
pan
a Sal
atico
Zumpahuacán
Xochitepec
Cua
Anenecuilo
Miacatlán
Tetecala
Tlaltizapán
aya
Parque
Nacional
Grutas de
Cacahuamilpa
Tetipac
Jardines de México
Tequesquitengo
Taxco
Parque Mil cascadas
Hueymatla
Taxco el Viejo
Uadventurer
Buenavista
Reserva de la
Ciudad de México:
Google
Del Centro Histórico a Taxco
Los Campos
Iguala de la
Independencia

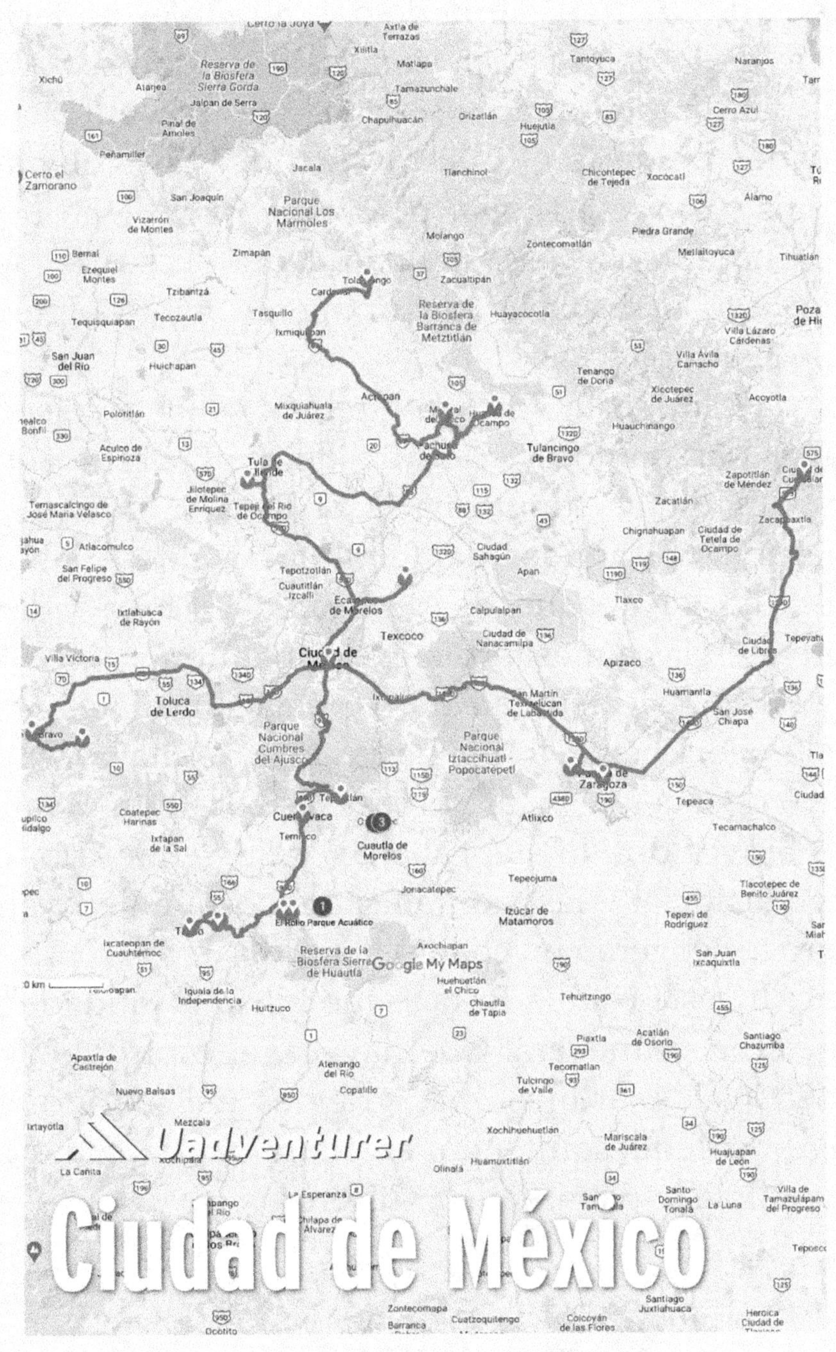
Ciudad de México
Uadventurer
Google My Maps

LA CIUDAD más grande del mundo es un territorio grato de explorar, siempre y cuando se visite lo más representativo; bajo este precepto, no puedes perderte el Centro Histórico, las colonias Roma, Condesa, Polanco, Coyoacán y el Bosque de Chapultepec. A cada una puedes dedicarle medio, uno o dos días. Seguramente habrá alguna que te atrape.

La Ciudad de México también es un excelente lugar para conocer el centro del país, desde aquí puedes tomar rumbo hacia la Ruta 1 Noreste y viajar las Pirámides de Teotihuacán, los Atlantes de Tula, el Bosque de Mineral del Chico y terminar en las aguas termales de Tolantongo.

Al Sureste está la Ruta 2 puedes ir a la capital del mole, Puebla, a las iglesias de Cholula, a ver el cielo de Cuetzalan; al Suroeste está la Ruta 3 Valle de Bravo, donde sus cabañas, el perenne frío, el lago artificial y las montañas del bosque de Avándaro te acogerán en cuanto llegues.

Al Oeste está la Ruta 4 que inicia la ciudad de la eterna primavera, Cuernavaca, el espiritual Tepoztlán, los jardines más grandes del mundo, el lago de Tequesquitengo, en Morelos; así como la capital de la plata, Taxco, Guerrero.

CENTRO HISTÓRICO DE LA CIUDAD DE MÉXICO

El centro Histórico de la CDMX será el punto de partida de tu recorrido, el centro del país política y culturalmente (aunque no geográficamente). Todos los caminos nacen de ahí; ciudad natal de la bandera nacional y su escudo, cuna del águila que se posó sobre el nopal y devoró a la serpiente. Hoy, este lugar simbólico es la plaza del Zócalo y en sus cuatro esquinas puedes tener una breve muestra de la historia de México.

A un lado del Zócalo, base de un monumento que nunca se construyó, está el Templo Mayor, que es un conjunto de ruinas, apenas conservadas, de los aztecas. El edificio principal está dedicado a Huitzilopochtli, dios de la guerra, y a Tláloc, dios de la lluvia. Al costado Sur de la Plaza Mayor está la Piedra de Sol, también conocido como Calendario Azteca, el escudo antiguo de México.

Es común ver danzantes vestidos como antiguos mexicas en la zona; al ritmo del tambor recuerdan a los ancestros indígenas y el sincretismo religioso, presente en todo momento, pues junto a la plaza está la Catedral Metropolitana, sede de la arquidiócesis de México. Este gran templo data de 1573 y pasaron tres siglos para terminar su construcción; ahí, el bullicio, que caracteriza a nuestro país, se detiene por momentos. Para admirar la iglesia en su esplendor lo mejor es buscar el momento en que alguno de los dos órganos, que suman seis mil flautas, emita su sonido celestial; y eso es a las 7 am, de lunes a viernes.

La bandera ondea en el centro del Zócalo, donde está el Palacio Nacional, sede del poder ejecutivo. Su construcción comenzó en 1522, como mansión señorial para don Hernán Cortés, y se edificó encima del palacio de Moctezuma. A lo largo de la historia fue casa de virreyes, oidores y visitadores; luego la reclamaron los independentistas, después los revolucionarios, hoy es hogar del presidente.

Del otro lado está el Edificio de Gobierno de la Ciudad de México, epicentro de la nación de donde se desprenden una infinidad de lugares dignos de visitarse; los principales son el Museo de la Ciudad de México, el Museo Nacional de Arte, el Museo del Antiguo Colegio de San Ildefonso, el Museo Interactivo de Economía, la Academia de San Carlos y el Palacio de Bellas Artes.

La mayoría de estos recintos posee colecciones permanentes que albergan cuadros y murales de los principales pintores mexicanos, Tamayo, Diego Rivera, Siqueiros y José Clemente Orozco, entre una diversidad de artistas de todos los tiempos; siempre exhiben exposiciones temporales, nacionales e internacionales.

El centro Histórico es famoso por sus mercados y calles llenas de comercios de todo tipo; puedes encontrar prácticamente de todo en esta zona; calles dedicadas a distintos sectores, como libros, en Donceles; aparatos e instrumentos musicales, en Bolívar; así como plazas y calles dedicadas a la tecnología, oro, lentes, iluminación, artículos chinos, etcétera.

La forma más fácil de desentrañarlo es caminar de la plancha del Zócalo hacia el Palacio de Bellas Artes por Donceles, Tacuba, 5 de mayo, 16 de septiembre y la más segura y famosa calle peatonal, Madero. Universo que vale la pena conocer paso a paso, hasta llegar a la Alameda Central, el parque icónico del centro, tanto por sus esculturas, como por su ambiente y su incomparable diversidad.

PASEO DE LA REFORMA

Cerca de la Alameda está el Paseo de la Reforma; esta avenida une, hacia el Poniente, el Centro Histórico con el Bosque de Chapultepec, la Zona Rosa y las colonias Cuauhtémoc, Juárez y Polanco, cada una poseedora de un encanto especial. En sentido contrario termina o empieza la Basílica de Guadalupe.

La mejor forma de conocer la avenida es caminar por Reforma hasta Chapultepec; en el trayecto se observarán altos rascacielos diseñados por arquitectos de renombre y glorietas como el Ángel de la Independencia, la Fuente de la Diana Cazadora y la Estela de Luz, a cuyo costado está la entrada del Bosque de Chapultepec.

CHAPULTEPEC

El Bosque de Chapultepec está dividido en tres secciones, en la primera están los mejores museos del país, el Museo Nacional de Antropología, uno de los más importantes en el mundo, el Museo de Arte Moderno, cuya colección cuenta con obras de Roberto Montegro, Dr. Atl, María Izquierdo, Tina Modotti, Frida Kahlo y Remedios Varo, entre otras figuras del arte mexicano del siglo XX. En esta sección está la Casa del Lago, el Zoológico de Chapultepec, el más grande del país, el Castillo de Chapultepec, sede del Museo Nacional de Historia de México.

La segunda sección alberga el Museo del Niño, el Museo de Historia Natural y una de las fuentes más bellas de la ciudad: la fuente de Tláloc, en el Cárcamo puedes contemplar un mural bajo el agua.

La tercera sección se caracteriza por un lago artificial, alrededor del cual puedes pasear o sentarte en alguno de sus dos elegantes restaurantes, después de haber corrido en la pista el Sope o andado en bicicleta por su ciclovía.

ROMA-CONDESA

La Roma y la Condesa son dos colonias emblemáticas de la Ciudad de México, por su energía y estilo cosmopolita, son los barrios favoritos de los jóvenes y los turistas. Ambas están llenas de cafeterías, bares, restaurantes y tiendas de diseñadores locales, combinados con galerías. Dos colonias céntricas que hay que caminar para sentir, perdiéndose en sus calles llenas de vida, 24/7.

Ambas colonias tienen su propia esencia y encanto. La colonia Roma es un poco más cultural, innovadora, independiente y subversiva; su avenida principal es Álvaro Obregón que está llena de bares y restaurantes de primer nivel. Tiene dos plazas representativas: Luis Cabrera, y Río de Janeiro, donde se encuentra una réplica del David, de Miguel Ángel. Otro de sus lugares emblemáticos es la Fuente de la Cibeles, rodeada de cafés y restaurantes, con una placentera vista y tranquila estancia.

La colonia Condesa es mucho más juvenil y pop, ahí todavía hay más vida, restaurantes, bares y tiendas que en la colonia Roma. Los lugares más representativos son los parques España y México, así como la avenida circular Ámsterdam. Los tres lugares se encuentran rodeados de una infinidad de sitios en los cuales tomar un trago, un café, o pasar una velada romántica, festiva, alegre, rockera, dance, pop o trance. En fin, hay un lugar para todo estilo.

Polanco es una de las colonias exclusivas de la Ciudad de México, en la que hay decenas de restaurantes de la más variada gastronomía. Campos Elíseos forma parte de sus calles principales, en la cual se encuentran algunos de los mejores hoteles de la ciudad.

La avenida que sobresale por su diseño, actividad comercial y colorido, es Presidente Masaryk, justo al lado de uno de los lugares más recomendables para caminar, el Parque Lincoln, con espejos de agua y familias caminando alrededor.

COYOACÁN

Al sur de la ciudad está el barrio Coyoacán; los lugares más atractivos de la zona son el jardín central y la iglesia de San Juan Bautista. En la plaza hay varios restaurantes y puestos de comida callejera, así como una kermés permanente.

El Museo Frida Kahlo, conocido como la Casa Azul, es el más importante de la zona. Cerca está el mercado de Coyoacán, un buen lugar para comer y conocer uno de los mercados tradicionales de México. Otra plaza que vale la pena visitar es la Conchita y su iglesia, así como el Parque Nacional Viveros de Coyoacán. La mejor forma de disfrutar esta zona es perderse entre sus calles y admirar las casas, comercios y restaurantes.

XOCHIMILCO

Uno de los atractivos de la ciudad son las trajineras de Xochimilco. Una trajinera es una embarcación que recorre los canales de la región de forma peculiar, en medio de fiesta y diversión; puedes cantar, escuchar mariachis, comer o enfiestarte, un paseo etílico y festivo que puede durar de una a cinco horas.

RUTA 1: CIUDAD DE MÉXICO NORESTE TEOTIHUACÁN Y TOLANTONGO

Al noroeste de México hay una ruta que empieza con arqueología y termina en destinos fuera de lo común. El primer punto de la ruta es visitar las magníficas ruinas de Teotihuacán, únicas en México por sus majestuosas pirámides del Sol y de la Luna. Otro lugar que no te puedes perder es la zona arqueológica de Tula, donde viven colosales figuras de piedra: los Atlantes de Tula, que al atardecer parece como si se movieran.

Dentro el estado de Hidalgo hay otros colosos de roca prismática, de forma poligonal, por donde circula el agua, los prismas basálticos de Huasca. Adelante, en medio del bosque de Mineral del Chico, te sentirás guarecido por los altísimos pinos, los encinos y los oyameles, o desafiado por cañones en el parque Hidalgo Adventure. Después del recorrido, no habrá mejor forma de terminar que en una decena de pozas de aguas termales color turquesa que terminan en una gruta, Tolantongo.

TEOTIHUACÁN

Debido a su cercanía con la ciudad, así como por sus dos grandes pirámides y suamplia y magnífica Calzada de los Muertos, Teotihuacán es un destino maravilloso que te queda muy cerca si visitas la Ciudad de México. Teotihuacán, palabra náhuatl que significa "lugar donde los hombres se convierten en dioses", le queda bien a estas pirámides, pues justo en la cima de la pirámide del Sol, te sentirás cerca del astro al admirar la pirámide la de la Luna, un poco más pequeña, y el trazo de su calzada.

A diferencia de otras ruinas, aquí podrás observar una ciudad bien trazada, en perfecta armonía con la geometría de las pirámides sepultadas, protuberantes a lo lejos. Si quieres ver otro ángulo de la zona, puedes contratar un paseo en globo al amanecer o el atardecer y ver desde el cielo el lugar de los dioses aztecas.

TULA

Para nuestros ancestros, los guerreros fueron hombres de admiración y respeto; una de las mejores muestras, al respecto, son los Atlantes de Tula. Estas figuras de cuatro metros de altura representan a los guerreros toltecas.

Las columnas están bien definidas, son fuertes y antropomorfas; durante el día lucen como pirámides humanas; sin embargo, al atardecer sus sombras empiezan a desplazarse, cuando el sol se mueve en los rostros de los atlantes, pareciera como si se ondularan; además, el sonido del viento engrandece la experiencia.

En esta zona arqueológica hay un templo llamado Estrella de la Mañana, dedicado a Quetzalcóatl, el creador del mundo, dios del aprendizaje, la ciencia, la agricultura y las artes.

La ruta continúa en el pueblo de Huasca de Ocampo, donde el principal atractivo es la Parroquia de San Juan Bautista, con más de quinientos años de antigüedad; aunque uno de los sitios más visitado es Santa María Regla, por sus prismas basálticos, lugar de fantasía, conformado por cientos de columnas hexagonales, poligonales o prismáticas por las que corre un río y cae una cascada, llenando de vida y movimiento el exótico lugar.

En el parque Prismas Basálticos hay actividades de turismo, como paseos en cuatrimotos, lancha, tirolesas, *gotcha* y caminatas guiadas por las grutas y sus alrededores. Otro lugar que vale la pena visitar es la restaurada exhacienda de San Miguel Regla, otrora del Conde de Regla; cuyos canales, manantiales y jardines aún conservan el aura del pasado, y al recorrerlos el tiempo parece volver al siglo XVIII, hoy convertido en hotel.

Una hacienda que vale la pena visitar es Santa María Regla, que también funciona como hotel. En la zona hay varios restaurantes y criaderos de truchas; la comida típica de la región es la barbacoa.

A pocos kilómetros de Huasca están Mineral del Chico y el Parque Nacional El Chico, hogar de oyameles, pinos y encinos; hay que caminar entre elevados árboles para llegar a las peñas de Las

Ventanas, el Cuervo y el Sumate, donde la principal actividad es el senderismo, además de ser uno de los mejores sitios cerca de la Ciudad de México para acampar.

En contraste, y a veinte minutos, en La Presa hay un ecoparque llamado Hgo Adventures, donde podrás lanzarte de tirolesas, gozar su vía ferrata o hacer un "salto de Tarzán", en el que te suspenderás a ciento cincuenta metros de altura y volarás, como en un columpio gigante; además, podrás rapelear y hacer cañonismo. Durante el recorrido hay varios saltos a pozas de agua , de dos a quince metros de altura.

TOLANTONGO

Después de la aventura arqueológica y el bosque, el descanso en las aguas termales será una buena forma de finalizar el recorrido, y este es uno de los mejores lugares: las grutas de Tolantongo, donde te espera una decena de pozas de aguas termales color turquesa, que se integran armónicamente en el horizonte café de rocas lavadas.

Además de descansar en el agua termal y bañarte con barro curativo, puedes hacer un recorrido por la montaña, donde podrás ver el agua descendiendo por las paredes de roca y helecho, en una pacífica sinfonía de gotas de agua, hasta llegar al fondo de la montaña donde están las grutas. Alojadas en una cueva, verás las paredes llenas de estalactitas mientras estás sumergido en el agua caliente; y si cierras los ojos podrás sentir que estás cerca del corazón de la tierra.

RUTA 2: CIUDAD DE MÉXICO SURESTE. CHOLULA Y CUETZALAN

Hacia el sureste de la Ciudad de México, está el estado de Puebla. Las tres ciudades que te recomiendo visitar son: la ciudad de Puebla, por su cultura barroca novohispana, el mole, los chiles en nogada y la arquitectura; Cholula, reconocida por la alta densidad de templos, y Cuetzalan, en las montañas de la sierra de Puebla, casi en las nubes. Esta travesía la puedes hacer en dos, tres o más días: unas noches en Puebla, Cholula y Cuetzalan.

PUEBLA

La capital poblana se llama Puebla de los Ángeles y es la cuarta ciudad más grande de México. Al pasear por el centro histórico y entrar a la Catedral de Nuestra Señora de la Inmaculada Compresión, así como a la Capilla del Rosario, entenderás por qué ha sido catalogada como la capital del barroco novohispano.

Puedes visitar la Biblioteca Palafoxiana, donde verás y olerás la mezcla de más de cuarenta y cinco mil libros, que silentes en las estanterías resguardan su historia. La siguiente parada de esta ruta cultural es el Museo Amparo, que posee una colección extensa de arte prehispánico, virreinal y del siglo XIX.

Después debes dirigirte al noreste de la ciudad, a la zona conocida como Angelópolis, donde está el Museo Internacional del Barroco. El diseño del museo oscila entre lo minimalista y lo vanguardista, y en sus entrañas verás el arte barroco en representaciones de arquitectura, pintura, escultura, teatro y música.

Después visita el parque Lineal, donde están el jardín del arte y el ecoparque metropolitano, ideal para caminar o correr, observando al cielo reflejarse en sus espejos de agua.

La ciudad es famosa por ser la cuna del mole poblano, podrás ir al Museo de Arte Popular Santa Rosa de Lima, donde te darán una lección histórica sobre este platillo, que en algunas de sus versiones conjunta más de setenta ingredientes. Otro platillo típico del lugar son los chiles en nogada, tampoco te pierdas unas tortas llamadas cemitas, que tienen papaloquelite.

CHOLULA

La pirámide más grande del mundo está en Cholula y se llama Tepanapa, aunque no se puede ver completa, porque la estructura está oculta por una montaña de 800 metros de angostura; por supuesto, no es el principal atractivo de Cholula, sino las doscientas ochenta y tres iglesias construidas en un lugar sagrado para los indígenas. Se dice que cuando Hernán Cortés vio la pirámide, ordenó edificar un templo para cada día del año.

Las más famosas son la capilla Real de Naturales, el santuario de Nuestra Señora de los Remedios, la capilla de la Tercera Orden, el exconvento de San Gabriel, la parroquia de San Pedro y el templo de San Gabriel, la mayoría agrupadas alrededor del centro y la pirámide de Tepanapa. El pueblo cuenta con una gran variedad de hoteles boutique, cafeterías y restaurantes, para pasar un día agradable caminando por sus calles.

CUETZALAN

La aventura a Cuetzalan comienza al tomar la carretera de Zaragoza. La inclinación es dramática y llena de hermosos paisajes. El poblado emerge entre las nubes, pues está en lo alto de la sierra norte de Puebla, y no sólo verás el agua condensada en nubes, sino en las numerosas cascadas que rodean la ciudad, como el Salto, las Golondrinas, el Corazón del Bosque y, claro está, La Escondida; además están las grutas Aventura.

La construcción principal del pueblo es el Templo de San Francisco de Asís. Su alta torre, de casi setenta metros, corona la sierra y su interior llamará tu atención porque está adornado con muchas vasijas de barro, por eso la llaman la Iglesia de los Jarritos.

Junto a la iglesia Santa el Palo se realiza el rito de los voladores de Papantla; ahí, en medio de la niebla, verás a los danzantes, ataviados como hombres pájaro, dejarse caer desde lo alto, mientras los cuatro voladores dan trece vueltas al descender, sin dejar de tocar unos pequeños tambores; el quinto, el más osado, baila en una pierna en lo alto del poste, mientras toca la flauta representando las cincuenta y dos semanas que del año.

Otro de los grandes atractivos de Cuetzalan es la zona arqueológica de Yohualichan, que data del siglo II, y al igual que El Tajín, está llena de nichos y grecas.

El pueblo es pequeño y el mejor día para visitarlo es el domingo, pues los pueblos de la región acuden para integrarse al tianguis. Algunos van ataviados como sus antepasados, para vender y comprar guajes, bules, hongos, plátanos pera, plátanos, rebozos, etcétera; así como intercambiar una amplia variedad de alimentos que se funden en la neblina.

RUTA 3: CIUDAD DE MÉXICO SUROESTE. VALLE DE BRAVO Y AVÁNDARO

La tercera ruta hacia el Suroeste inicia en los pueblos montañosos de Valle de Bravo y Avándaro que son como uno solo y termina en el paraíso de las mariposas monarcas.

En contraste con la Ciudad de México está el pueblo de Valle de Bravo, un destino húmedo, tranquilo, de calles empedradas, con una buena cantidad de casas y cabañas para pasar el fin de semana, de preferencia con una fogata. Durante la semana reina la calma; sin embargo, el fin de semana se llena de vida y actividades.

En las mañanas, la tranquila laguna es utilizada para practicar esquí, *wakesurf*, kayak, *paddlesurf* y otros deportes acuáticos. Las montañas del bosque que lo rodean son exploradas por caminantes, practicantes de bicicleta de montaña, y uno que otro jinete, escaladores y rapelistas que suben por sus paredes; mientras otros surcan el cielo en parapente, y otros ciclistas de ruta y corredores aplanan las carreteras circundantes.

Es la forma en la que los aventureros utilizan este paraíso; los que necesitan descansar también gustan de ir ahí, pues las casas de fin de semana, spas y hoteles de descanso suelen ser acogedoras, muchas de ellas con chimenea, alberca y Jacuzzi. Hay para todos los presupuestos.

En la montaña hay tesoros escondidos, como la cascada Velo de Novia o el santuario de la mariposa Monarca, Piedra Herrada, a donde cada diciembre llegan millones de mariposas que regresarán a Estados Unidos y Canadá en marzo.

Otras joyas de este valle son los complejos espirituales, como el centro de espiritualidad Carmel Maranathá, la Stupa Bon para la Paz Mundial, y claro está, la Parroquia de San Francisco de Asís. A su alrededor hay múltiples restaurantes, algunos están cerca del embarcadero municipal y otros en la calle principal de Avándaro.

RUTA 4: CIUDAD DE MÉXICO OESTE. TEPOZTLAN, TEQUESQUITENGO, TAXCO

La Ciudad de México colinda al oeste con el estado de Morelos; su capital, Cuernavaca, es conocida como la ciudad de la eterna primavera, gracias el benéfico clima que experimenta a lo largo del año. Entre los mejores lugares que puedes visitar en México está Tepoztlán, un pueblo realmente mágico, donde podrás caminar por sus calles hasta un cerro, en cuya cima encontrarás una pirámide, escalar, hacer rappel, y sobre todo, subir a una buena cantidad de cerros. Si quieres relajarte, puedes entrar a un temazcal, darte masajes, hay centros holísticos y retiros de todo tipo, con hoteles de hasta 4 estrellas; pero si quieres algo más tradicional, en Cuernavaca podrás descansar en cualquiera de las decenas de hoteles, balnearios y parques acuáticos, el mejor y más famoso es la antigua hacienda Las Mañanitas.

Al seguir la ruta llegarás a los Jardines de México, que se precian de ser los más grandes del mundo, y luego a la laguna de Tequesquitengo donde podrás practicar muchos deportes acuáticos y aéreos. En otro estado, Guerrero, al final de la ruta está el pueblo de la plata, Taxco.

TEPOZTLÁN

Morelos está rodeada de montañas y su pueblo mágico, Tepoztlán, le hace gala a su adjetivo, ya que su centro descansa al pie del cerro del Tepozteco, en una sierra única en el mundo, que empieza o termina en Malinalco y termina o empieza en Tepoztlán: la forma de sus montes no tiene igual.

Arriba del Tepozteco hay una pequeña pirámide que llena de energía al que asciende los seiscientos metros que la separan del pueblo, con una vista maravillosa. El ascenso dura de una a dos horas, dependiendo la condición, pero el trayecto vale la pena.

La plaza del pueblo está al servicio de los turistas, sobre todo los fines de semana. El mercado lleno de comida típica y la Parroquia de Nuestra Señora de la Natividad son el centro de donde parten sus intrincadas callejuelas empedradas, con algunos puestos y tiendas de artesanías, bares, restaurantes y hoteles boutique.

Después de subir el Tepozteco y comer en alguno de sus restaurantes puedes ir al Museo de la Natividad, un templo de los dominicos del siglo XVI, que se ha convertido en un museo; ahí podrás aprender la historia del pueblo y su colonización; la calma de sus corredores, cuartos y bóvedas te harán sentir que regresas en el tiempo.

CUERNAVACA

La conocen como la ciudad de la eterna primavera, aunque se trata de una primavera calurosa con cielo claro. La forma tradicional de pasar un fin de semana en Cuernavaca es estar en un hotel o una casa de descanso con una gran alberca.

Una de las principales atracciones es el Museo

Robert Brady, que ocupa parte de un convento franciscano del siglo XVI, con una colección de obras de Frida Kahlo, Miguel Covarrubias, Diego Rivera, José Clemente Orozco y Rufino Tamayo, entre otros artistas; además de colecciones de pintura de Nueva Guinea, India y Latinoamérica. Y como toda buena casa en Cuernavaca, cuenta con una bonita alberca y un jardín.

El recorrido por este pueblo está lleno de historia, principalmente por la Catedral, cuya construcción comenzó en 1525, cuando doce monjes franciscanos llegaron a la ciudad y la convirtieron en monasterio. Otro de los recintos llenos de historia es el Palacio de Cortés, que tiene más de cuatrocientos cincuenta años de antigüedad, y fue transformado, en el Museo Regional Cuauhnáhuac, con diecinueve salas que narran la historia de México; además, tiene dos murales de Diego Rivera.

El siguiente punto de esta ruta es el Museo Morelense de Arte Popular, donde la historia se aprende con artesanías, que puedes ver en la tienda del pequeño recinto. Después, visita el laberíntico Jardín Borda, que cuenta con una mansión del siglo XIX. Este lugar, creado por el hijo de un magnate minero, fue casa de descanso y jardín botánico. Al entrar, el sonido del agua refrescará tu mente y podrás caminar en la casa y sus jardines, como Maximiliano, la emperatriz Carlota, Porfirio Díaz y Diego Rivera. Sin duda, Cuernavaca, tanto por su clima como por su naturaleza, es una de las ciudades más bellas para descansar.

JARDINES DE MÉXICO

Este lugar se distingue por tener el jardín floral más grande del mundo, treinta y siete hectáreas en las que han sido plantados y diseñados jardines de diferentes estilos: italiano, japonés, tropical, de cactáceas, y un laberinto. La variedad de plantas es exquisita; la diversidad inspiró el diseño integral que conjunta los estilos, el cual podrás descubrir mientras te pierdes en sus adentros y disfrutas de los colores, la escenografía y el exquisito trazo del jardín, las fuentes, los paseos y las esculturas.

TEQUESQUITENGO

Si tomas la carretera del Sol llegarás al lago de Tequesquitengo, rodeado de hoteles, balnearios y casas, donde se practica cualquier tipo de deporte acuático, como el esquí, *wakeboard, wakesurf,* kayak y moto acuática; es perfecto para hacer paracaidismo, volar en globo aerostático y en vehículos ultraligeros.

TAXCO

El final de este viaje está Taxco, en el estado de Guerrero; un pueblo reconocido mundialmente por su plata, alrededor de la cual giran las actividades económica y turística. Los sábados, cerca de la terminal de autobuses, se pone un tianguis en el que puedes comprar todo tipo de joyas y artesanías de plata. También, a lo largo y ancho del pueblo, verás tiendas especializadas en el metal, que exhiben bellos diseños que refrendan su calidad.

Si quieres conocer el mundo de la plata, debes ir al Patio de las Artesanías, la Casa Humboldt y el Museo de Arte Virreinal, que tiene códices que cuentan cómo se extraía el metal, en aquellos ayeres, piezas de Spratling, artículos litúrgicos y arte barroco a lo largo de las salas.

Otros sitios importantes en esta ruta de la plata son el Museo William Spratling y la mina prehispánica de Taxco. El primero alberga una gran colección de plata, joyas y artesanías de Spratling, mientras que en la mina prehispánica se baja al subsuelo para ver de primera mano qué era lo que tenían que hacer los antiguos para obtener el brillante metal.

El pueblo empedrado y antiguo tiene calles muy empinadas, subidas y bajadas casi verticales, si quieres verlo desde lo alto, puedes tomar el teleférico y ya que estés en la cima podrás comer, tomar café u otra bebida para admirar el paisaje. En el centro de la ciudad está la parroquia de Santa Prisca, que seguro llamará tu atención. Si entras, podrás ver retablos bañados en oro; después puedes ir al mercado y comer un pozole guerrerense.

Para terminar el recorrido por el centro de plata, emprende el camino hacia el Cristo Monumental de Taxco, desde donde contemplarás la sierra guerrerense, en todo su esplendor.

Si te queda energía, tiempo y aún quieres aventura, dirígete a las Granadas o Mil Cascadas, donde recorrerás a pie una multitud de cascadas que refrescarán tu camino y te permitirán un chapuzón en las pozas; pero si quieres inyectarle adrenalina, podrás hacer saltos de dos a diez metros en cascadas y *rappel* de treinta y cinco metros.

RECOMENDACIONES

La Ciudad de México puede ser segura, siempre y cuando transites de día y por zonas turísticas.

La mejor forma de recorrer la ciudad es en taxi o con una aplicación de renta de autos.

La ciudad es inmensa, las distancias suelen ser grandes y más en horas de tráfico: 7 a 10 am y 6 a 8 pm.

Ten cuidado en el transporte público, principalmente de los carteristas.

La mejor forma de recorrer los pueblos de alrededor es rentando un auto.

La ruta México Sureste puedes continuarla desde Cuetzalan hacia Veracruz, la costa histórica.

La ruta de Hidalgo puedes combinarla desde Tolantongo, hacia la Sierra Gorda, y hacer la ruta de **Querétaro** , o tomar rumbo a Xilitila y recorrer la **Huasteca Potosina**.

La ruta de Morelos puedes combinarla con **Guerrero** y seguir hacia **Costa Oeste**.

La ruta de Valle de Bravo puede combinarse con **Michoacán**.

7. VERACRUZ

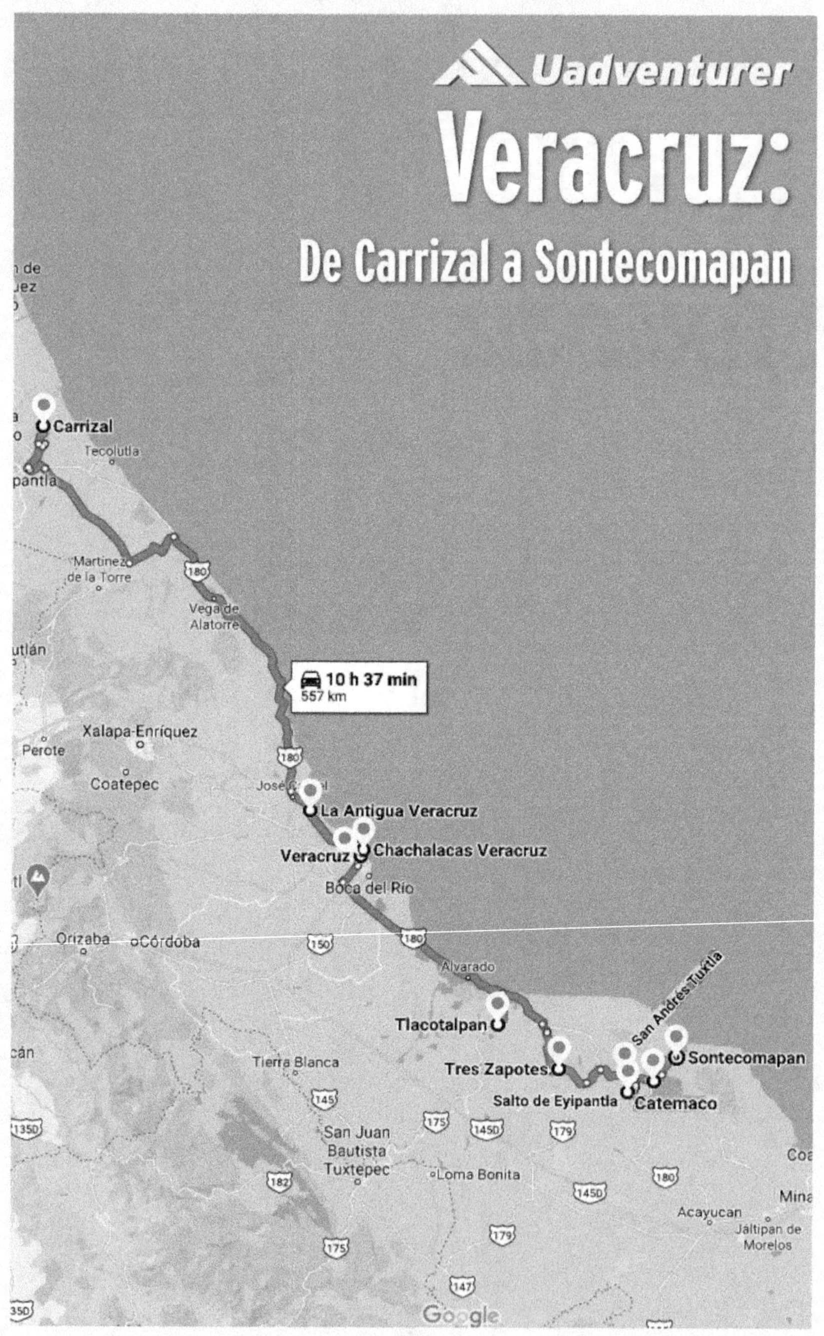
Uadventurer
Veracruz:
De Carrizal a Sontecomapan
Carrizal
Tecolutla
de
uez
pantla
Martinez
de la Torre
180
Vega de
Alatorre
utlán
10 h 37 min
557 km
Xalapa-Enríquez
Perote
180
Coatepec
Jose
La Antigua Veracruz
Veracruz
Chachalacas Veracruz
Boca del Río
tl
Orizaba
Córdoba
150
180
Alvarado
San Andrés Tuxtla
Tlacotalpan
Sontecomapan
cán
Tierra Blanca
Tres Zapotes
Catemaco
Salto de Eyipantla
145
San Juan
Bautista
Tuxtepec
175
1450
179
Coa
1350
182
Loma Bonita
180
Mina
1450
Acayucan
Jaltipan de
Morelos
179
175
147
350
Google

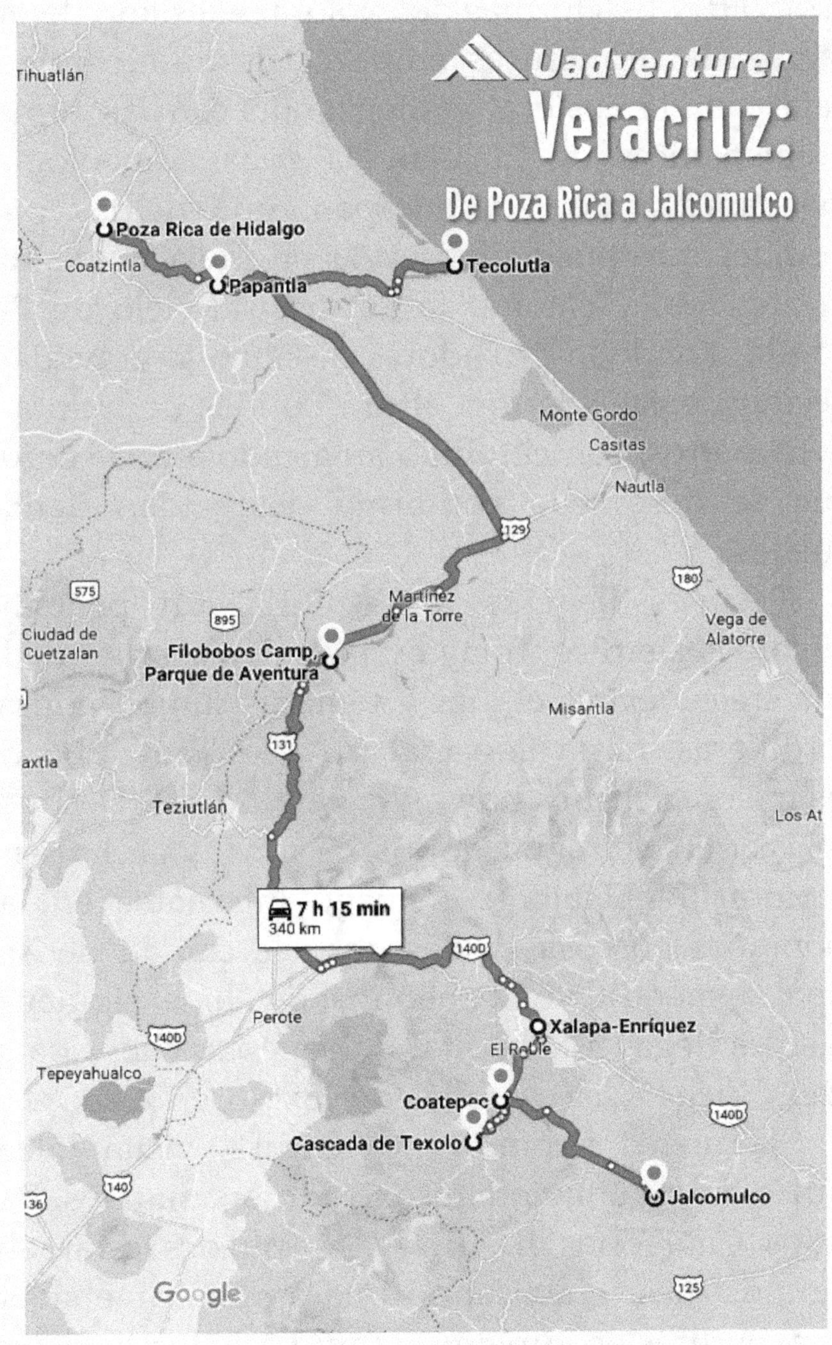
Uadventurer
Veracruz:
De Poza Rica a Jalcomulco
Tihuatlán
Poza Rica de Hidalgo
Coatzintla
Papantla
Tecolutla
Monte Gordo
Casitas
Nautla
129
180
575
895
Martínez de la Torre
Vega de Alatorre
Ciudad de Cuetzalan
Filobobos Camp, Parque de Aventura
Misantla
axtla
131
Teziutlán
Los At
7 h 15 min
340 km
140D
Perote
Xalapa-Enríquez
140D
El Roble
Tepeyahualco
Coatepec
Cascada de Texolo
140D
140
136
Jalcomulco
140
125
Google

EXISTEN tres formas de explorar el estado de Veracruz: la primera es empezar desde el norte y bajar por la costera, comenzando con las ruinas prehispánicas de El Tajín, la zona arqueológica más amplia del Totonacapan, una de las más grandes que puedes observar en México. De ahí, tu atención y camino te llevarán al cielo de Papantla, donde los voladores desafían la gravedad, dejándose caer de una altura de más de treinta y siete metros, con el tobillo amarrado a una cuerda que se desenreda conforme descienden dando vueltas.

Después llegarás a Tecolutla, un pequeño pueblo costero con playa y manglares; antes de lo que crees dejarás el mar y tomarás rumbo por las cordilleras, hasta llegar al río Filobobos, uno de los mejores destinos de *rafting* en México. Después del ajetreo del agua de los rápidos, vale la pena explorar El Cuajilote y luego internarse en las montañas boscosas y descubrir la ciudad de Xalapa, suspendida en la neblina; de ahí, el siguiente paso es llegar a la capital del café jarocho, Coatepec, y luego a las cascadas de Texolo, en Xico.

Si quieres retomar la aventura, visita Jalcomulco, mundialmente reconocido por sus ríos, Rápidos Categorías II, III, IV, V; puedes estar ahí algunos días, practicando una amplia diversidad de aventuras ecoturísticas, como cabalgata, *hiking*, *mountain bike*, tirolesas, *rappel* y más; durante tu estancia puedes ir al Carrizal y descansar en sus aguas termales.

La aventura continúa en una playa de dunas de varios metros de altura, Chachalacas; puedes recorrer la sinuosa arena de su playa en ATV y *sandboard*. Siguiendo la ruta llegarás a Antigua, el lugar donde se construyó la primera capilla de Latinoamérica y la casa inaugural de Cortés; finalmente, te espera un encuentro con México diferente y vivificante, el puerto de Veracruz.

Veracruz es la capital cultural del estado y posee fragmentos de la historia de la Conquista de México, en cada una de sus calles. Desde el malecón podrás ver a los barcos arribar y partir. También está la plaza más antigua de América Latina, y en sus portales se escucha marimba y se baila danzón por las tardes… y eso es solo el comienzo, pues la fiesta nunca termina en sus restaurantes y cantinas.

La ruta sigue hacia el sur, rumbo a Tlacotalpan, un colorido pueblo mágico, en la que cada casa se esfuerza por llamar la atención con su pintura, su canto y su baile; los sábados, al ritmo de las décimas y las arpas, canta y zapatea en el tablado, en un formidable espectáculo conocido como fandango.

Al final de esta ruta están los Tuxtlas, la selva

veracruzana; durante el camino podrás visitar la zona arqueológica de Tres Zapotes, el Salto de Eyipantla y las fábricas de Habanos de San Andrés, hasta llegar a Catemaco, donde sus brujos, macacos y lagunas serán la antesala del rito de purificación que vivirás al final de tu viaje, en Nanciyaga.

El recorrido completo se puede realizar de forma tranquila en quince días, y de forma rápida en una semana; si sólo se tienen unos días, se puede visitar El Tajín, Papantla y las playas de Costa Esmeralda; si te gusta la aventura, ve directo a Jalcomulco, y si te gusta la fiesta, Veracruz es tu destino.

EL TAJÍN

La mejor forma para empezar el viaje por Veracruz es conocer su pasado; para eso, no hay nada mejor que las ruinas de El Tajín. Al llegar a la zona arqueológica, podrás escuchar el llamado de la flauta de los ancestros jarochos de la zona, los voladores de Papantla; quienes después de bailar ascienden por un palo de veinticinco metros, uno baila en lo alto y después otros cuatro se dejan caer de espaldas, amarrado el tobillo a una cuerda, descendiendo en espiral; la función del rito, según algunos, es fertilizar la tierra; para eso, los cuatro voladores dan trece vueltas mientras descienden, para cumplir las cincuenta y dos semanas del año.

Al entrar en la zona arqueológica, se observan las ruinas de juegos de pelota y pirámides, que conviven en armonía con la selva que lo rodea todo. La construcción más importante es la Pirámide de los Nichos, que tiene 365, uno por cada día del año; esta zona fue creada por los totonacas y es la más importante de la región.

La zona arqueológica también es conocida porque, en sus cercanías, en el parque Takilhsukut, se lleva a cabo la Cumbre Tajín, un festival musical y cultural, lleno de actividades, como creación de artesanías, temazcales y talleres de diferentes artes. Se realiza en los días de marzo, desde el año 2000.

PAPANTLA

Lo más famoso del pueblo son los voladores de Papantla, ahí se puede ver el rito de manera original, pues el palo desde el que saltan es de treinta y dos metros, con el fondo de la catedral de Nuestra Señora de la Asunción.

Frente a la plaza principal hay un enorme mural, que concentra y representa la iconografía de la región. También es famoso por la vainilla, la cual puede encontrarse en variadas formas, a lo largo y ancho del pueblo; de hecho, se le conoce como la ciudad que perfuma el mundo, por la abundancia de vainilla del lugar.

En sus cercanías está Eco Park Xanath, con actividades de senderismo y un paseo para conocer cómo es la extracción de esencia de vainilla, talleres de cocina jarocha y elaboración de artesanías de la región.

Tecolutla

Tecolutla es una larga playa de arena negra, con oleaje tranquilo; durante los fines de semana y vacaciones suele ser muy concurrida; sin embargo, fuera de esas fechas, el turismo es escaso. Uno de sus principales atractivos son los precios bajos; tanto en el hospedaje, como en la comida; pero no por eso el pescado y marisco de la región dejan de ser exquisitos.

La principal actividad del destino es la playa, aunque también puedes explorar el mar y los manglares adyacentes, con un recorrido en lancha; en el camino verás lagartos, garzas, cangrejos azules, águilas y mapaches, entre otros.

Hacia el Noreste del pueblo están las mejores playas, María del Mar y Barra de Boca de Lima. Si te gusta pescar, puedes hacerlo en este lugar; incluso hay un torneo internacional de pesca de sábalo.

Tecolutla es el primer destino del corredor turístico de playas de Veracruz, llamado Costa Esmeralda; las más conocidas son La Guadalupe, Ricardo Flores Magón, La Vigueta, Playa Oriente, Monte Gordo, Casitas, Maracaibo y Nautla, donde termina el corredor.

TLAPACOYAN Y RÍO FILOBOBOS

El lugar más famoso para hacer *rafting* en México, pues tiene Rápidos nivel II, III y IV, lo cual es un abanico de posibilidades, tanto si eres novato como si tienes experiencia; también puedes hacer la ruta en kayak, si no sabes te pueden enseñar y si ya tienes experiencia, te pueden llevar al siguiente nivel.

Muchos de los operadores de *tours* tienen paquetes que incluyen diversas actividades, como la visita a las zonas arqueológicas del Cuajilote y Vega de la Peña; otras tienen recorridos de tirolesas, flotación en el río, cabalgatas, temazcal, *rappel*, visita de cascadas como El Encanto, la catedral de naturaleza. Estos paquetes cuentan con hospedaje, con lo cual lograrás dos o tres días bastante activos, por la diversidad de actividades, alojado en campamentos ecoturísticos.

XALAPA

Rodeada de montañas, nubes, selva y ríos, descansa Xalapa. La mayor atracción de la ciudad es la zona central, compuesta por una intrincada red de calles coloniales de grandes pendientes que desembocan en el centro de la ciudad, donde está el Palacio de Gobierno, la Catedral, un conjunto de pequeños cafés y restaurantes, hasta llegar al Parque Juárez, desde el cual se puede observar el bosque siempre verde que lo rodea y dos lagos que podrás recorrer posteriormente.

Una de las principales atracciones de la ciudad es el Museo de Antropología, que ofrece una perspectiva general de las culturas prehispánicas del Golfo, como la Olmeca, Totonaca y Huasteca. Xalapa tiene una Galería de Arte Contemporáneo y una pinacoteca.

Durante las noches, se puede escuchar música jarocha, trova y jazz en restaurantes, bares y cafés locales. La vida nocturna, aunque limitada, tiene el encanto particular que le prodiga la humedad, el frío, el café y la cultura.

COATEPEC Y XICO

México es mundialmente reconocido por su café, Coatepec tiene la fama de producir uno de los mejores cafés del país. La cultura del café en este pueblo es única, lo olerás en sus calles, lo verás en sus cafeterías, lo degustarás con el paladar, y si te animas, podrás recorrer los cafetales de sus alrededores y visitar el museo El Cafetal Apan.

El centro de la ciudad es pintoresco, pero los alrededores son mágicos; llenos de bosques neblinosos, platanales y cafetales; cerca están las cascadas de Texolo… al caminar por este verde paraíso, lleno de exuberante vegetación, nubes y sol, conocerás lo que el café significa y sintetiza en sus granos.

Adelante de las cascadas está el pueblo de Xico, aún más pequeño que Coatepec; rodeado de parajes únicos para caminar por ríos, cascadas y valles repletos de hongos violáceos en temporada.

JALCOMULCO

El destino con mayor aventura del estado es Jalcomulco. El *rafting* en la sección pescados, del río La Antigua, reconocido como uno de los trayectos náuticos más técnicos; durante el recorrido, de dos a tres horas, se navegan Rápidos Clase II, III, IV; depende de las lluvias, más frecuentes entre mayo y octubre, cuando los rápidos le hacen honor a su nombre.

Más allá del *rafting* se han desarrollado muchas actividades y centros ecoturísticos; en algunos de ellos se puede hacer cañonismo, salto de cascadas, *rappel, gotcha,* temazcal, cabalgata y bicicleta de montaña. La mayoría de los centros ofrece *tours* con comida, hospedaje y un itinerario que incluye una combinación de estas actividades en varios días.

Algunos de los operadores no sólo ofrecen *rafting,* sino que dentro de los paquetes organizan viajes a los ríos Filobobos y Barranca Grande, cerca de Cosautlán de Benítez, que son de los más largos de la región y cuenta con Rápidos Categoría III, IV, V. Cerca de Jalcomulco está El Carrizal, un parque de aguas termales en el cual se pueden descansar los músculos, después de tanto esfuerzo.

CHACHALACAS

Lo más atractivo de Chachalacas no es su larga playa, que entre semana y épocas no turísticas está vacía, sino en las dunas de El Sabanal. La forma de disfrutarlas varía, dependiendo de la intensidad que se desee; si quieres algo tranquilo, podrás ascender y descender por los montículos; entrar en los túneles de arena y sentir que el mundo se apaga de pronto, pues ni el viento se escucha dentro del pasillo natural que forman las dunas.

Después puedes ascender, ver de un lado el mar y del otro más dunas; si el calor te sofoca, métete al agua y refréscate. Si quieres algo más extremo, puedes rentar una cuatrimoto y subir y bajar las dunas a la velocidad de tu preferencia; si quieres todavía ir más allá, puedes hacer *sandboard* o tabla de arena, y descender a alta velocidad por las dunas, como si patinarás o surfearas. Encontrarás hoteles económicos y comerás pescado y mariscos a bajo precio.

ANTIGUA

Este pueblo es de pequeñas dimensiones; históricamente, es uno de los bastiones de la cultura latinoamericana, pues fue justo ahí donde atracó Hernán Cortés; de hecho, se conservan los vestigios de su primera casa, la Casa de Cortés. El recorrido es amenizado por los relatos de los niños guías, que cuentan la historia del conquistador y la Malinche, con el particular acento jarocho.

En ese lugar está la Ermita del Rosario, considerada la iglesia más vieja de América Latina, que sorprende por su perfecta restauración. Después de conocer estos dos lugares, se puede comer a la vera del río Antigua, subir a una lancha para cruzarlo y llegar hasta su desembocadura en el mar.

VERACRUZ Y BOCA DEL RIO

La forma de conocer la esencia del puerto de Veracruz es ir en la tarde a los portales; escuchar cómo miles de palomas unen su canto a la música de danzón, tocada en los portales del Zócalo, y ver a las parejas bailar coordinadamente, paso a pasito, mientras un locutor de grave voz ameniza el ambiente, en la plaza más antigua de América Latina.

Del lado derecho está la Catedral de la Virgen de la Asunción, fundada en 1731. En su interior sentirás que el tiempo desaparece, pues, por momentos, el sonido de la calle desaparece y sólo se escucha cómo los ventiladores refrescan el ambiente y las figuras de los santos, en especial la de San Sebastián Mártir, patrono de la ciudad y del puerto de Veracruz.

Al salir de la catedral volverás a sentir el calor, y la vida nocturna seguramente habrá subido de intensidad: músicos tocan la marimba con gran ritmo e intensidad en los portales; después, recomiendo ir al malecón para visitar las decenas de tiendas, con ingeniosas artesanías de todo tipo, tamaño y origen; al final está el tercer puerto más grande de México.

Al fondo, verás iluminado el fuerte de San Juan de Ulúa, cuya estructuración se remonta a 1518, cuando los españoles reclamaron el lugar y lo convirtieron en puerto. En este mismo lugar, pero en 1825, durante la Independencia, el general Miguel Barragán logró que los españoles capitularan y lo reclamó. Posteriormente, funcionó como cárcel; si realizas el recorrido por el fuerte, aprenderás cuáles fueron las atrocidades que se realizaron durante ese periodo; a mediados del siglo pasado se convirtió en museo, y desde ese momento ilumina el frente del malecón. Si haces un recorrido en las lanchas que salen del malecón, podrás conocer sobre aquella historia y aprender bien el origen y desarrollo del puerto.

Justo enfrente del malecón está el café más famoso y reconocido del estado: el Gran Café la Parroquia, donde recomiendo ampliamente beber un café con leche y comer unos panes largos, llamados canillas. El ambiente, el servicio y el sabor son excelentes, es imperdonable no sentarse un rato a ver la gente pasar y escuchar una que otra marimba ambulante.

Después, puedes continuar tu recorrido por el malecón, observando a las embarcaciones que ayudan a los grandes barcos a entrar al puerto; al final del recorrido te iluminará el faro que sirve de guía a los barcos.

Otra buena forma de recorrer el puerto es ir a la playa Costa de Oro y caminar por el malecón, al atardecer, hasta llegar al faro, y de ahí caminar al puerto, y luego a la plaza más antigua de América Latina, donde los fines de semana la algarabía termina hasta bien entrada la noche.

La diversión no sólo está en el centro, sino a lo largo de la avenida costera que llega al municipio de Boca del Río, donde la vida nocturna es juvenil y sofisticada; hay una gran diversidad de restaurantes, bares y discotecas para estar de fiesta hasta el amanecer.

Durante el día, es altamente recomendable visitar el gran acuario de Veracruz y las playas que empiezan en el malecón y continúan varios kilómetros adelante. Junto al acuario salen lanchas a Cancuncito, a la que llaman la playa más bella de Veracruz; otras de las playas más bellas, y con mejor infraestructura, son Mocambo y Costa de Oro; enfrente y junto a estas playas hay centros comerciales con cines y restaurantes que tienen aire acondicionado, ideales para quitarse el calor del mediodía.

Al final de la costa está Mandinga, conocida por sus restaurantes y langostinos bicolores. Desde este sitio se puede rentar una lancha y conocer alguna de las lagunas cercanas, así como la Isla de en Medio, cuya fina arena blanca y agua cristalina te hará sentir como si estuvieras en el Caribe, en esta isla se puede nadar y hacer *paddle surf*.

TLACOTALPAN

Este es uno de los pueblos más coloridos de México, pareciera que cada una de las casas participa en un concurso de pintura, para ver quién elige el color más intenso y llamativo. El pueblo está al lado del río Papaloapan.

La mejor actividad es pasear por la ciudad, comer sus frescos mariscos, y de postre alguno de sus dulces de leche típicos, además de realizar un recorrido en lancha por el Papaloapan.

Existen dos plazas, el Parque Hidalgo y la Plaza Zaragoza, el sábado es el mejor día de la semana para ir, pues podrás ver a los jarochos zapateando al ritmo de las décimas y el son. Vale la pena visitar la Iglesia de la Candelaria, patrona de la región, durante las fiestas de la Candelaria, del 31 de enero al 9 de febrero, el pueblo se llena de fiesta y música hasta la madrugada.

El camino de Veracruz a Tlacotalpan es largo, pero durante el camino, irás adentrándote en la selva de los Tuxtlas.

TRES ZAPOTES

La primera opción para detenerse es Tres Zapotes. Esta zona arqueológica pertenece a la cultura Olmeca, la más antigua de México, que floreció entre los años 1300 y 600, antes de Cristo. Lo más interesante del lugar son las gigantescas cabezas olmecas de casi un metro y medio de altura, así como la pirámide central; desde la cual se domina la región. En el museo de sitio se puede aprender más de esta cultura, que inventó el calendario antes que los mayas.

SAN ANDRÉS TUXTLA

Este destino es único para los fumadores y amantes de los puros, pues es internacionalmente famoso por su producción de tabaco y habanos, los aficionados pueden ir a la Fábrica Artesanal de puros Santa Clara.

SALTO DE EYIPANTLA

Una de las cascadas más grandes de Veracruz; su caída, de más de sesenta metros, provoca un fuerte estrépito, que además de escucharse se siente en la piel, por la pequeña brisa que despide. Se puede ver desde un mirador, se puede descender a la base caminando o haciendo *rappel*, y luego ascender a la cima.

CATEMACO

Dos maravillas hacen famoso a este lugar; el primero es la laguna de Catemaco, que podrás visitar en lancha, y conocer una isla de garzas y otra de macacos, los cuales están tan habituados a las visitas, que arrebatan de las manos los plátanos e incluso la cerveza. En este sitio se puede hacer kayak en la laguna; la experiencia es más intensa es al atardecer.

En segundo lugar, los espiritistas, brujos y hechiceros del lugar, con quienes puedes hacer ritos místicos, limpias, trabajos adivinatorios, conexión con difuntos, así como obtener todo tipo de remedios; la mayoría utilizan hierbas, granos, inciensos, frutas e incluso animales.

NANCIYAGA

No hay mejor forma de terminar el recorrido por tierra jarocha que ir a Barra de Sontecomapan y pasar el día en una tranquila playa, alejada de la civilización, rodeada por la selva enana de los Tuxtlas, y visitar la Reserva Ecológica de Nanciyaga, dar un paseo en la laguna, otro por la selva, tomar agua en el manantial de agua mineral, descansar bajo la sombra de un gran amate rojo, navegar un kayak por la laguna y hacerte una limpia espiritual.

El mejor remate es disfrutar del ritual del temazcal, meterte al corazón de la madre Tierra, renacer con agua, tierra, fuego y viento, mientras cantas en el rito de renacimiento. Al finalizar, saldrás de la oscuridad del temazcal y caminarás directamente al agua, a darte un baño, cobijado por un cielo lleno de estrellas, para festejar que has vuelto a nacer.

RECOMENDACIONES

La distancia entre algunos pueblos es larga, de dos a cuatro horas.

Veracruz es un estado diverso, en unos cuantos kilómetros pasas de bosque a selva y playa; aunque casi siempre hace calor, todo puede cambiar rápidamente.

No viajes de noche, las carreteras suelen ser estrechas y con neblina.

La mejor forma de recorrer Veracruz es en automóvil; sin embargo, la mayoría de los pueblos está conectados por autobuses.

Las mejores experiencias ecoturísticas están en

los rápidos de los ríos Jalcomulco y Filobobos;, así como en los Tuxtlas, Sontecomapan y Nanciyaga.

La gente es amable; sin embargo, gritan y dicen groserías, constantemente y a todo el mundo; no te asustes.

Esta ruta se puede combinar con **El Centro de México**, entrando por Puebla o por Cuetzalan; o con la ruta **Chiapas,** si vas hacia Tuxtla o Palenque, desde Catemaco o Nanciyaga; y con la ruta de **Mérida**, si continúas hacia Mérida.

8. HUASTECA POTOSINA

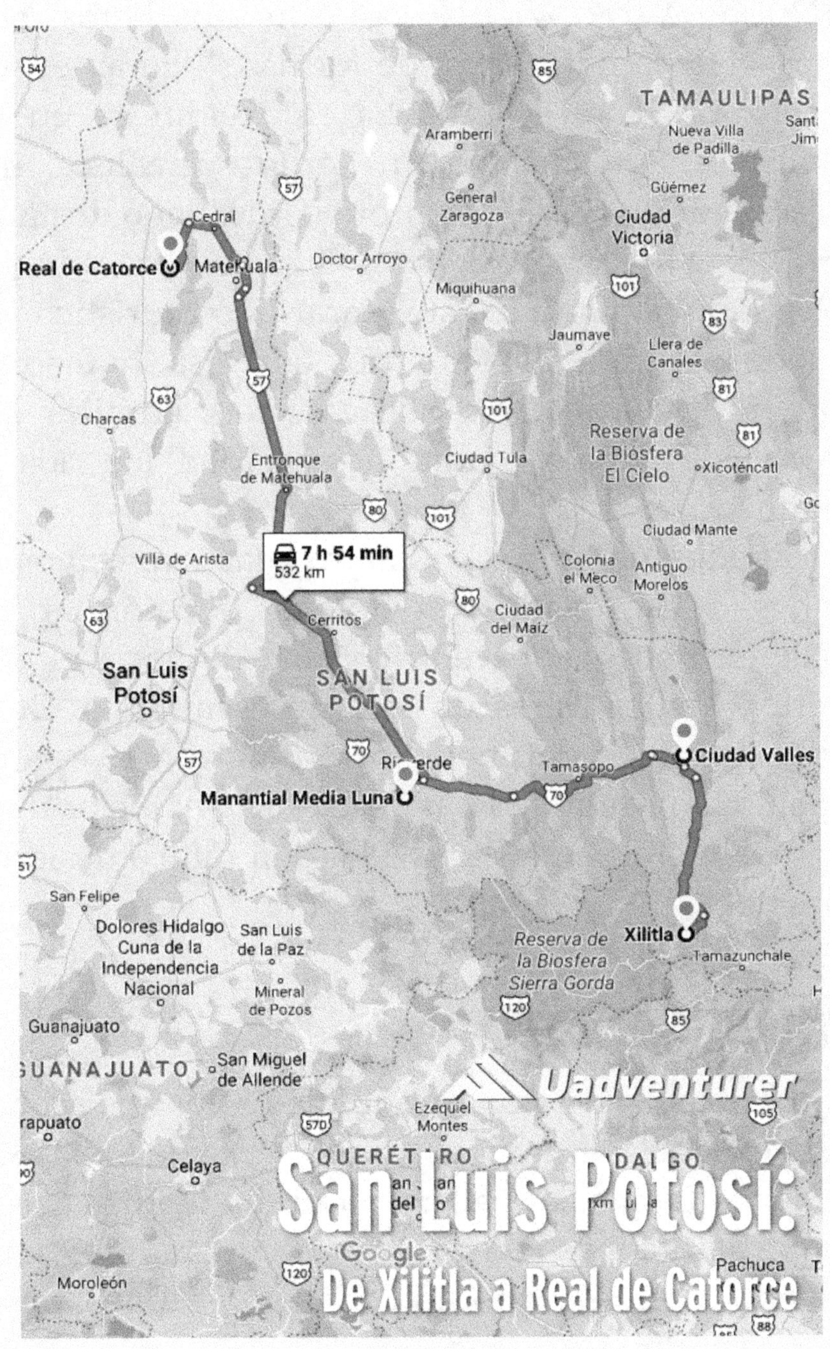

TAMAULIPAS
Aramberri
Nueva Villa de Padilla
General Zaragoza
Güémez
Ciudad Victoria
Doctor Arroyo
Cedral
Real de Catorce
Matehuala
Miquihuana
Jaumave
Llera de Canales
Charcas
Entronque de Matehuala
Ciudad Tula
Reserva de la Biósfera El Cielo
Xicoténcatl
Ciudad Mante
7 h 54 min
532 km
Villa de Arista
Colonia el Meco
Antiguo Morelos
Cerritos
Ciudad del Maíz
San Luis Potosí
SAN LUIS POTOSÍ
Rioverde
Tamasopo
Ciudad Valles
Manantial Media Luna
San Felipe
Xilitla
Tamazunchale
Dolores Hidalgo Cuna de la Independencia Nacional
San Luis de la Paz
Reserva de la Biosfera Sierra Gorda
Mineral de Pozos
Guanajuato
GUANAJUATO
San Miguel de Allende
Uadventurer
Ezequiel Montes
QUERÉTARO
HIDALGO
San Luis Potosí:
Google
De Xilitla a Real de Catorce
Moroleón
Celaya
Pachuca

EN ESTA TRAVESÍA por San Luis Potosí podrás vivir la naturaleza de forma exuberante, surrealista y contrastante. La ruta empieza en la Huasteca Potosina, en un jardín surrealista, rodeado por un bosque siempre verde, lleno de agua en forma de neblina, ríos, lagunas, cascadas y pozas de agua. En este paraíso ecoturístico se puede descender por los ríos en balsa, hacer *rafting*, rapelear, saltar desde cascadas, admirar las caídas de agua y nadar o remar en los ríos y lagunas.

Puedes pasar tres o cuatro días explosivos y llenos de adrenalina; si quieres transformar tu viaje en uno más excéntrico, maneja hacia el desierto, y encontrarás un espacio escultórico. Después de cruzar el túnel oscuro de Ogarrio, está el pueblo fantasma de Real de Catorce, el mejor destino para emprender una odisea al mítico desierto huichol

HUASTECA POTOSINA

La Huasteca Potosina es uno de los centros ecoturísticos y de aventura más importante de México y América Latina; su belleza natural y la forma ecológica sostenible con la que los operadores han tratado a este destino, lo convirtió en un paraíso para la acción.

El centro de operaciones es Ciudad Valles; ahí podrás conocer a una decena de profesionales del turismo que te proporcionarán el equipo necesario para hacer *rafting*, paseos, nados, saltos en ríos y cascadas, ver miles de golondrinas y cotorras, y visitar el famoso jardín escultórico surrealista, Edward James, en Xilitla. Diseñarán un itinerario que responda a tus gustos y requerimientos.

XILITLA

En 1945, un filántropo amante de las artes, sir Edward James, comenzó a crear un palacio, jardín, espacio escultórico y casa de campo... a ciencia cierta, se puede decir que es una enorme e interconectada escultura surrealista, que armoniza con el tiempo y la naturaleza que lo rodea.

La experiencia es altamente exótica, ya que parecen las ruinas de una civilización que nunca existió; construcción que se integra a la naturaleza sutilmente; por ejemplo, bambúes hechos de cemento, que parecen una especie endémica debido al musgo que los rodea.

Subirás inconstantes escaleras que no llevan a ningún lugar, pasarás por arcos oblicuos de colores, con florones y otras formas caprichosas; inmerso en la atmósfera artística, descubrirás mil detalles creativos de la naturaleza y el artista;

además de los símbolos que tu mente creará, gracias a la poética edificación.

RAFTING EN LA HUASTECA

Según algunos *rankings*, la Huasteca Potosina es el mejor destino de ecoturismo y aventura de México; la experiencia de descender sus ríos en balsa, es de las mejores en América. La Huasteca tiene tres diferentes ríos para practicar esta actividad: el primero es el río Tampaon; el segundo, el río Meco y, por último, el Micos. Dependiendo de las condiciones climáticas y la composición del grupo, los guías altamente experimentados realizan la actividad de forma segura.

El descenso en río es una experiencia sensorial; primero, para los ojos. Durante el recorrido, te sentirás en espacios portentosos, protegido por la naturaleza, el olor y la frescura del agua, así como la adrenalina que, vertiginosa, envuelve la velocidad de las caídas. La combinación del remo y el trabajo en equipo se combinan para una experiencia impactante para los cinco sentidos.

CASCADAS POTOSINAS

El agua también adquiere, en la Huasteca Potosina, forma de cascadas; puedes descubrir varias en un día; algunas son para contemplación, otras para nadar, como en Tamul; y en otras, como Minas Viejas, puedes hacer *rappel*, encontrar parajes divinos, como el Puente de Dios y sentirte vivo al saltar de la cima de las siete cascadas del Río Micos.

Según el tiempo, condición y adrenalina, podrás visitar una o todas, las que quieras. Los operadores turísticos combinan varios paquetes; debido a su cercanía y la preferencia, en un mismo día se pueden visitar.

El agua que atraviesa los ríos corre por las cascadas, y la más famosa es la de Tamul; con una altura de 105 metros, puedes llegar a pie o en lancha, si navegas por el río Tampaon. Después de verla, puedes ir a la cueva (también llamado cenote hundido), donde nace el agua que cae hacia el río. Si eres osado, puedes hacer rappel de cien metros.

La segunda cascada que aconsejo visitar es la de Minas Viejas, donde el agua desciende por las rocas y forma una poza turquesa en la que puedes nadar y utilizar su brisa como regadera. Si quieres subir tu adrenalina, puedes hacer *rappel* al lado de la cascada y descender al ritmo de la brisa que se desprende en pequeñas aspersiones.

La cascada El Salto le hace honor a su nombre. El agua baja estruendosamente en un gran torrente; en la caída del agua se forman diversas pozas. Otra pequeña cascada que puedes visitar el mismo día es El Meco.

Puente de Dios, cerca de Tamasopo, es un paraje que, visto desde las alturas, parece una imagen divina; compuesto por dos ojos de agua unidos por una cueva, que funciona como puente. Es una experiencia celestial dejarse llevar por la fuerte corriente del agua. Puedes saltar a las pozas desde uno, cuatro o siete metros, y renacer de forma divina en el agua.

Otro paraje digno de ser visitado es las cascadas de Tamasopo. La fuerza del agua que rompe entre las rocas vuelve al lugar un espacio natural que parece tener vida propia; para celebrar la vida podrás saltar desde las rocas a las pozas o aventarte como Tarzán, en una liana, y dejarte caer al agua.

Si lo que quieres es vivir las cascadas con alto impacto, lo que debes hacer es ir al Tour de Cascadas del Río Micos. A lo largo del río hay siete cascadas de diversa altitud; la más alta es de veinte metros, la más pequeña de veinte centímetros. El paseo estriba en la inmersión total en el agua, donde te dejarás llevar por la corriente, rodeado por enormes árboles y la magnánima naturaleza potosina.

SIMA DE LAS GOLONDRINAS Y DE LAS HUAHUAS

A lo largo de la Huasteca hay una gran diversidad de aves, y en los sótanos de la región acuden miles al mismo tiempo, en una vorágine de movimiento. Al amanecer, puedes ver a decenas, cientos, miles de golondrinas salir de una cueva, durante casi una hora, mientras, al subir, trazan una espiral que nace del fondo de la cueva, de casi trescientos metros de profundidad.

Cuando el sol se pone, puedes ver un espectáculo similar, pero con las huahuas o cotorras; durante treinta minutos verás a miles de ellas juntarse en parvadas y volar en masa hacia el fondo de un gran abismo.

LAGUNA DE LA MEDIA LUNA

La laguna está cerca de la Huasteca Potosina y forma parte de un parque ecoturístico en el que se puede acampar. La extensión del lugar lo hace ideal para nadar de forma profesional o lúdica. Tiene seis nacimientos de agua clara, azul verdosa transparente.

Dentro de la laguna hay tortugas y patos buzos, con quienes puedes esnorkelear e incluso bucear; en el fondo se encontraron los restos de un mamut y piezas prehispánicas.

Otra de las actividades es rentar un bote inflable o un kayak y remar por la laguna; el momento ideal para hacerlo es al atardecer. Después, puedes cenar en alguno de los puestos de comida que hay en el lugar, hacer una fogata y descansar en medio del bosque, junto a la laguna, con las estrellas como techo.

REAL DE CATORCE

En lo alto de la Sierra Madre Oriental hay un antiguo pueblo que parece fantasma, llamado Real de Catorce; lleno de leyendas, sublimes paisajes del desierto de San Luis Potosí y artesanía huichol.

Al llegar, la magia comienza en el espacio aparentemente vacío del desierto; una experiencia que transforma la existencia. Después de no ver más que desierto, en la lontananza aparecen las construcciones abstractas del jardín; una puerta roja, una pluma en el desierto, una colección de torres de metal, placas de acero y construcciones de cemento y azulejo que conviven con la aridez.

Sólo es el principio de la aventura; para llegar al pueblo hay que cruzar el túnel Ogarrio; las autoridades responsables en turno te dirán si puedes cruzarlo en coche, de lo contrario tendrás que rentar una mula o atravesarlo a pie. Te recomiendo caminar, es una distancia breve y se experimenta a profundidad el silencio y la oscuridad; al final del túnel verás la luz y luego aparecerá la imponente solitud del desierto, a cientos de metros de altura.

El pueblo tiene restaurantes y una iglesia especial, el Templo de la Purísima, que ofrenda al santo patrono de Real de Catorce, San Francisco de Asís. Ahí, la religión se mezcla con el misticismo de la cosmogonía de los huicholes, que ofrecen brillantes artesanías de chaquira en madera, huesos, tejidos en cuadros, ropas; este pueblo puede ser tu punto de entrada al mundo huichol.

Al desierto puedes entrar a pie, en caballo, Willys, ATV o bicicleta; ahí verás y sentirás de dónde proviene la magia del pueblo, así como la energía que vibra en lugares místicos como el Cerro del Quemado, uno de los sitios sagrados para los huicholes; cumbre en donde se reúnen, después de haber caminado varios días por el desierto de San Luis Potosí.

RECOMENDACIONES

Si vas a la Huasteca Potosina, aconsejo hacerlo en camión y dejar que los operadores locales te guíen y transporten por la región.

Real de Catorce está en la cima y el desierto está abajo.

Lleva zapatos anfibios o con suela antiderrapante.

Es indispensable el espíritu aventurero para disfrutar al máximo de la Huasteca.

Las caminatas pueden ser largas; antes de caminar, pregunta por la distancia, la inclinación y qué tan pesado es el recorrido.

Puedes combinar la ruta con la travesía **Querétaro Vino y Sierra**, y con **Las 4 rutas del Centro de México**.

9. OAXACA

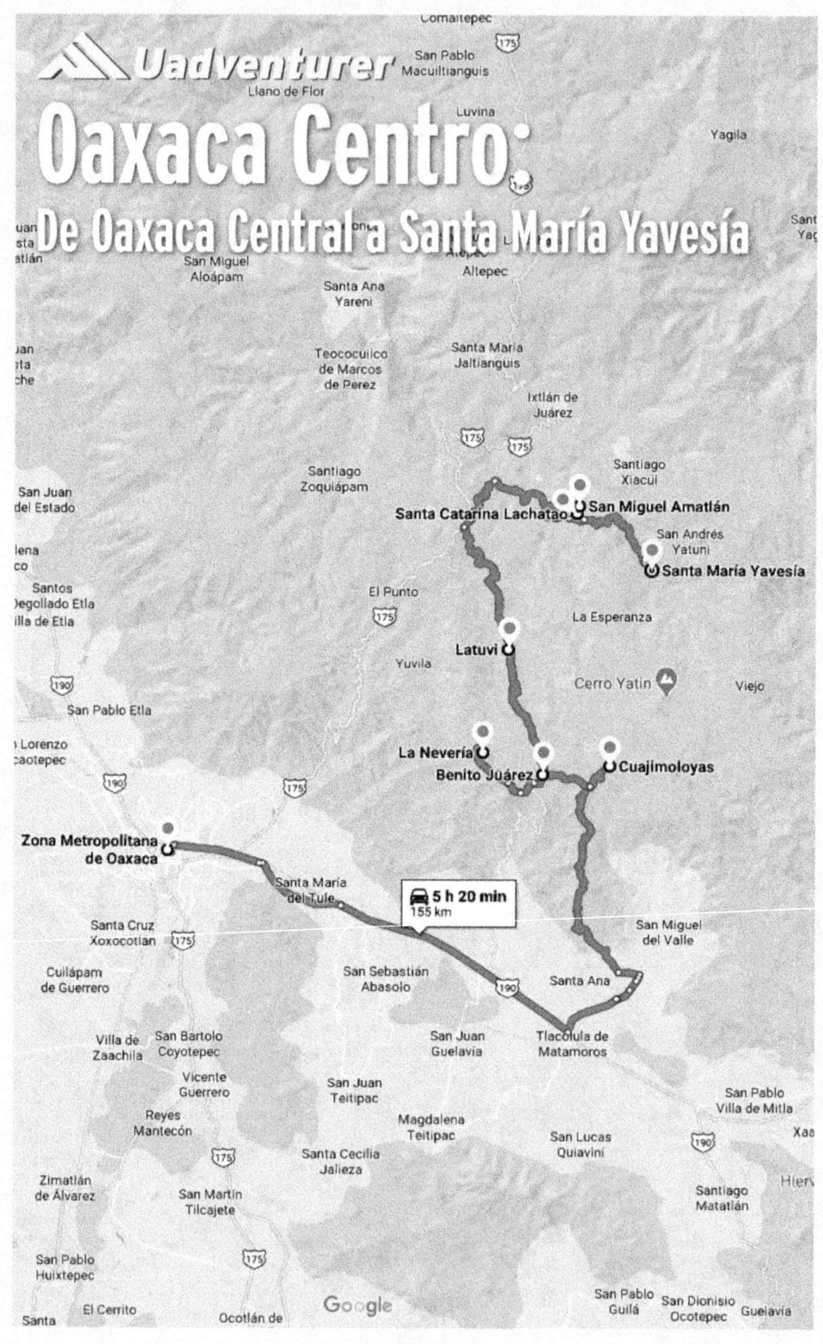
Uadventurer
Oaxaca Centro:
De Oaxaca Central a Santa María Yavesía
Comaltepec
San Pablo Macuiltianguis
Llano de Flor
Luvina
Yagila
San Miguel Aloápam
Santa Ana Yareni
Altepec
Santa María Jaltianguis
Teococuilco de Marcos de Perez
San Juan del Estado
Santiago Zoquiápam
Ixtlán de Juárez
Santiago Xiacui
Santa Catarina Lachatao
San Miguel Amatlán
San Andrés Yatuni
Santa María Yavesía
El Punto
La Esperanza
Latuvi
Yuvila
Cerro Yatin
Viejo
San Pablo Etla
La Nevería
Benito Juárez
Cuajimoloyas
Zona Metropolitana de Oaxaca
5 h 20 min
155 km
Santa María del Tule
San Miguel del Valle
Santa Cruz Xoxocotlán
Cuilápam de Guerrero
San Sebastián Abasolo
Santa Ana
Villa de Zaachila
San Bartolo Coyotepec
San Juan Guelavía
Tlacolula de Matamoros
San Pablo Villa de Mitla
Vicente Guerrero
San Juan Teitipac
Reyes Mantecón
Magdalena Teitipac
San Lucas Quiaviní
Zimatlán de Álvarez
Santa Cecilia Jalieza
Santiago Matatlán
San Martín Tilcajete
San Pablo Huixtepec
El Cerrito
Ocotlán de
Google
San Pablo Guilá
San Dionisio Ocotepec
Guelavía

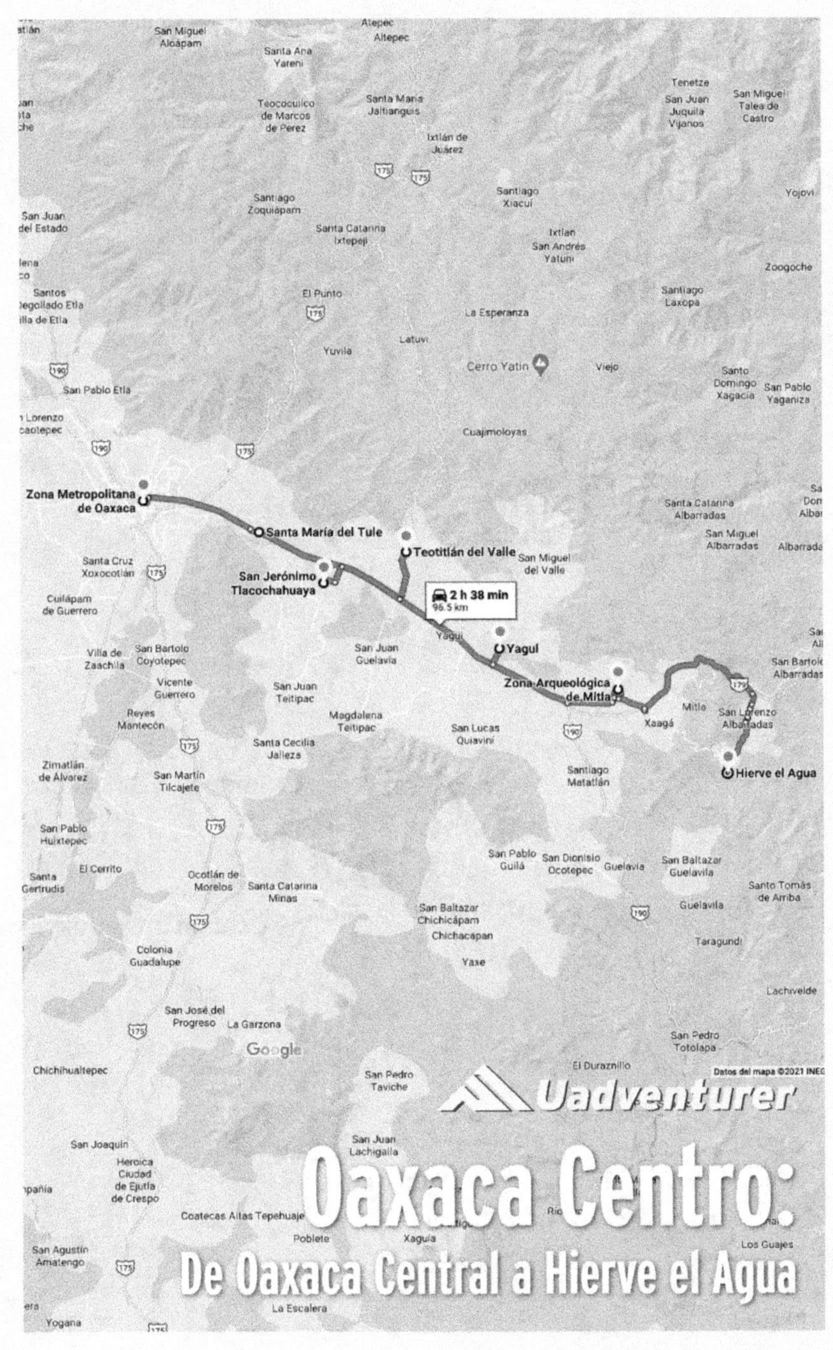
San Miguel Aloápam
Santa Ana Yareni
Atepec Altepec
Teococuilco de Marcos de Pérez
Santa María Jaltianguis
Ixtlán de Juárez
Tenetze
San Juan Juquila Vijanos
San Miguel Talea de Castro
Santiago Zoquiápam
Santiago Xiacui
Yojovi
San Juan del Estado
Santa Catarina Ixtepeji
Ixtlan
San Andrés Yatuni
Zoogoche
El Punto
La Esperanza
Santiago Láxopa
Santo Domingo Xagacia
San Pablo Yaganiza
Santos Degollado Etla
Villa de Etla
Yuvila
Latuvi
Cerro Yatin
Viejo
San Pablo Etla
San Lorenzo Cacaotepec
Cuajimoloyas
Zona Metropolitana de Oaxaca
Santa María del Tule
Teotitlán del Valle
San Miguel del Valle
Santa Catarina Albarradas
Santa Cruz Xoxocotlán
San Jerónimo Tlacochahuaya
San Miguel Albarradas
Albarradas
2 h 38 min
96.5 km
Cuilápam de Guerrero
Yagul
San Juan Guelavía
Yagul
San Bartolo Albarradas
Villa de Zaachila
San Bartolo Coyotepec
Zona Arqueológica de Mitla
San Juan Teitipac
Vicente Guerrero
Mitla
San Lorenzo Albarradas
Reyes Mantecón
Magdalena Teitipac
San Lucas Quiaviní
Xaagá
Zimatlán de Álvarez
Santa Cecilia Jalieza
San Martín Tilcajete
Santiago Matatlán
Hierve el Agua
San Pablo Huixtepec
San Pablo Guilá
San Dionisio Ocotepec
Guelavía
San Baltazar Guelavila
Santa Gertrudis
El Cerrito
Ocotlán de Morelos
Santa Catarina Minas
Santo Tomás de Arriba
Guelavila
San Baltazar Chichicápam
Chichacapan
Taragundi
Colonia Guadalupe
Yaxe
Lachivelde
San José del Progreso
La Garzona
Google
San Pedro Totolapa
Chichihualtepec
San Pedro Taviche
El Duraznillo
Datos del mapa ©2021 INEGI
Uadventurer
San Joaquín
San Juan Lachigalla
Heroica Ciudad de Ejutla de Crespo
Oaxaca Centro:
Coatecas Altas Tepehuaje
Poblete
Xaguía
Los Guajes
San Agustín Amatengo
De Oaxaca Central a Hierve el Agua
Yogana
La Escalera

190
Santa María Atzompa
Zona Metropolitana de Oaxaca
Santa María del Tule
190
Arrazola
Santa Cruz Xoxocotlán
Cuilápam de Guerrero
San Bartolo Coyotepec
Zaachila
2 h 12 min
64.6 km
Zimatlán de Álvarez
Santo Tomás Jalieza
San Pablo Huixtepec
San Antonino Castillo Velasco
Ocotlán de Morelos
Santa Ana Tlapacoyan
Uadventurer
Ayoquezco de Aldama
San José
175
Oaxaca Centro:
De Oaxaca Central a Ocotlán de Morelos

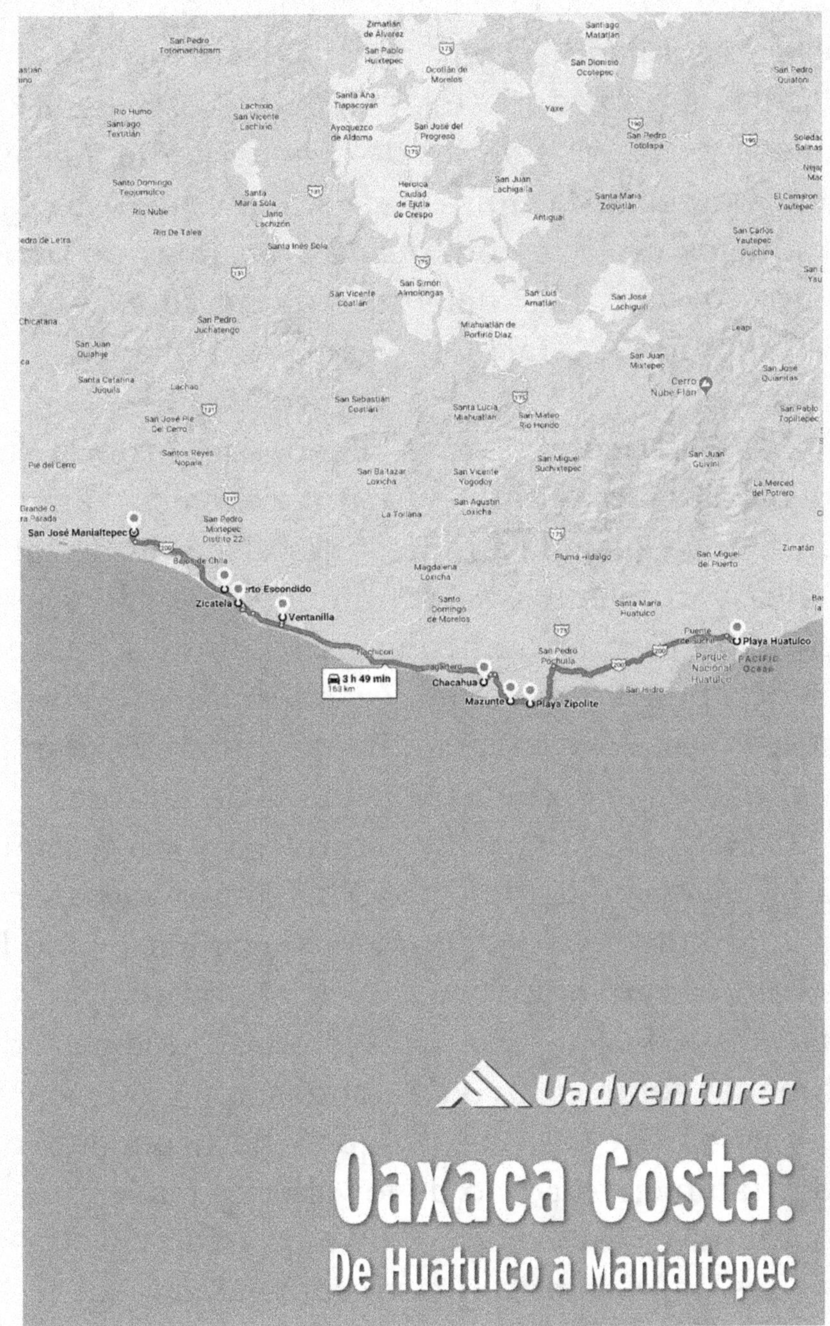

3 h 49 min
163 km
San José Manialtepec
Puerto Escondido
Zicatela
Ventanilla
Chacahua
Mazunte
Playa Zipolite
Playa Huatulco
Uadventurer
Oaxaca Costa:
De Huatulco a Manialtepec

LA CIUDAD de Oaxaca es el corazón de esta travesía, recomiendo ir y regresar durante los tres itinerarios aquí propuestos. La ciudad está llena de belleza y cultura, iglesias de cantera verde, restaurantes de comida típica y mercados que ostentan productos de la región, desde artesanías de barro negro y verde, hasta alebrijes de madera, y textiles: manteles, tapetes, camisas, playeras y vestidos.

Los alrededores están llenos de historia arqueológica viva: Monte Albán, Zaachila, Yagul y Mitla. Si te gusta la arquitectura, visita desde catedrales y conventos hasta inmuebles de la época actual. Otro gran atractivo es la pintura, que se puede apreciar, por doquier, en museos, galerías, muros y espacios independientes que refrendan la vitalidad de la Escuela Oaxaqueña de Pintura.

Oaxaca está llena de naturaleza y ecoturismo en las playas y los Pueblos Mancomunados; serie de localidades, a la altura de las nubes, donde puedes caminar, andar en bicicleta o cabalgar, en casi cien kilómetros de veredas, además de aprender sobre cultivo de hongos, maíz y truchas; elaboración de tepache, pulque y horneamiento de pan. También está uno de los árboles más grandes del mundo y los vestigios de una cascada.

Tres de las cuatro rutas recomendadas salen de la ciudad de Oaxaca, aunque puedes dormir en alguno de los pueblos. El primero es un recorrido de artesanías, en el cual verás la fabricación de barro negro en Coyotepec, barro verde en Atzompa, alebrijes en Tilcajete y Arrazola, textiles en San Antonio, y artículos de acero y cesterías en Ocotlán de Morelos.

Entre pueblo y pueblo, visita la zona arqueológica de las tumbas de Zaachila y experimenta la paz del monasterio de Cuilapam de Guerrero. La segunda es un encuentro con la naturaleza y el ecoturismo de los Pueblos Mancomunados, que están en lo alto de la sierra. Cuando vayas a cualquiera de los seis pueblos (Llano Grande, Latuvi, Benito Juárez, La Nevera, Cuajimoloyas y Amatlán) para sorprenderte con la sierra y la naturaleza, te recomendamos ir acompañado de guías zapotecas.

El siguiente recorrido es una mezcla de arqueología, artesanía y ecoturismo. Empieza con la visita al árbol del Tule, de más de catorce metros de diámetro y sesenta de altura. Continúa hacia Teotitlán del Valle, donde reproducen a Picasso y Rivera en tapetes; de ahí puedes ir a la zona arqueológica de Yagul y luego a las impresionantes ruinas artísticas de Mitla. Remata el itinerario en Hierve el Agua, un conjunto de pozas de agua caliente, en medio de la sierra, junto a los vestigios de una cascada.

La última ruta no está cerca de la ciudad, sino en la costa oaxaqueña, a seis horas de distancia; ahí conocerás un asombroso grupo de playas en las Bahías de Huatulco, donde podrás practicar esnórquel en diversas bahías, vivir como hippie en las playas de Zipolite, Mazunte, San Agustinillo, hacer surf en Punta Zicatela, pasar unas tranquilas vacaciones de playa en Puerto Escondido y convivir al máximo con la naturaleza en Chacahua, donde se mezcla la laguna con el mar bioluminiscente.

OAXACA

Oaxaca es un crisol de cultura, artesanías, mercados, iglesias, comida y fiesta. La ciudad es la síntesis perfecta del pensar y sentir de este exuberante estado. Las iglesias que están a lo largo de la ciudad fueron construidas con cantera verde, que pareciera haber emergido de la naturaleza; esa visión te maravillará, frente a tus ojos se reflejarán los principales recintos y plazas que debes visitar, como la Plaza de la Constitución (o Plaza Central) y la Catedral de Nuestra Señora de la Asunción, el Templo de Santo Domingo, la Iglesia de la Compañía de Jesús y la Basílica de la Soledad.

La cultural experiencia continúa con arte,

dentro de su gran variedad de museos. Junto al convento de Santo Domingo, por el que pasarás más de una vez, al caminar por el andador turístico Macedonio Alcalá, está el Centro Cultural Santo Domingo, donde está el Museo de las Culturas de Oaxaca, uno de los mejores museos regionales del país; aquí conocerás la historia y aprenderás del origen de la diversidad de la cultura oaxaqueña; además está el Jardín Etnobotánico, un verdadero museo de la naturaleza.

Sin embargo, hay otros museos que puedes explorar, Arte Prehispánico Rufino Tamayo, Museo de Arte Contemporáneo de Oaxaca (MACO), Espacio Zapata, Museo de los Pintores Oaxaqueños, Museo Textil de Oaxaca y el Centro Fotográfico Álvarez Bravo.

La gran faceta artística de Oaxaca está presente en su diversidad cultural; en el Museo de las Artesanías de Oaxaca, podrás ver representaciones artísticas de cada región y llevarte una parte de ellas; por eso es ideal dedicarle un día a la ruta de las artesanías.

La comida oaxaqueña es parte esencial de su cultura y representa al estado a nivel internacional, considerada Patrimonio Intangible de la Humanidad. En sus mercados, podrás probar comida de alto nivel culinario: chocolate, tlayudas, amarillito, el famosísimo mole negro, el almendrado, tasajo y otros ricos platillos; tanto en el mercado Benito Juárez como en decenas de restaurantes que oscilan en todos los presupuestos; la mayoría está en el corredor Macedonio Alcalá.

La ciudad se puede recorrer en tres días y la belleza de sus alrededores la vuelve mucho más atractiva. Puedes hacer una ruta de artesanías, yendo hacia Ocotlán; otra totalmente ecoturística, en los Pueblos Mancomunados; y una tercera, rumbo a Hierve el Agua, donde podrás apreciar un poco de ambas.

Otra actividad de aventura, cerca de la ciudad de Oaxaca, son los recorridos en bicicleta de montaña, y hay para todos los niveles. Algunas rutas están cerca de Mitla, otras en los Pueblos Mancomunados, e incluso hay recorridos que van desde la sierra hasta la costa de Puerto Escondido.

MONTE ALBÁN

A ocho kilómetros de la ciudad de Oaxaca están las ruinas de Monte Albán; cuando uno se aproxima, empieza a sentir su característica vibración; durante el camino podrás escuchar muchas cigarras. Las tres construcciones principales, dentro del complejo arquitectónico zapoteca, son la plataforma sur, un ascenso que es un verdadero reto;

pues es muy alta, pero al llegar tendrás la recompensa de ver desde lo alto la zona arqueológica.

Podrás admirar las magníficas plazas del juego de pelota, grande y chica; la Plaza de los Danzantes, con sus sorprendente estelas de glifos antropomorfos. Como en la mayoría de las zonas arqueológicas, podrás contratar un guía que explique la historia de las fascinantes construcciones. Es preferible que la visites por la tarde, cuando el calor es menor, y el atardecer hace brillar la zona con esplendor.

RUTA 1: LA RUTA DE LAS ARTESANÍAS

La cultura oaxaqueña es especial, tanto por su diversidad como por sus artesanías; en pocos lugares del país existen culturas indígenas tan prolíficas y con un arte tan diverso, tanto en forma como en materiales.

A pocos kilómetros de Oaxaca, hay pueblos dedicados a la manufactura de diversas artesanías; para que elijas las que parecen haber sido hechas para ti, y te lleves una variedad de recuerdos.

ATZOMPA

En el pueblo de **Atzompa** podrás ver que la comunidad se dedica a la elaboración de barro verde vidriado, extraído de un cerro cercano; luego le dan forma en sus casas, con un torno que hacen girar con los pies, mientras con las manos elaboran macetas, cazuelas, comales, jarrones y otros artículos. Posteriormente, los dejan secar, y en ese momento le agregan un polvo llamado Greta, que pinta de verde el barro, antes de que los artesanos agreguen flores y hojas a las vasijas.

Muchas culturas ancestrales hacían combinaciones de animales, como minotauros y unicornios, y Oaxaca no es la excepción. Aquí la materia con las que se les da vida es la madera de copal, y la biforma depende de la creatividad del artesano. Para crear la quimera, tallan la madera, la sumergen en gasolina y la pintan de colores; después perfeccionan las mezclas de las figuras, creando un bestiario de seres imaginarios.

CUILÁPAM DE GUERRERO

Este pueblo no es famoso por su artesanía, sino por el bien conservado exconvento de cantera que irradia calma a los que pasan; dedicado a Santiago Apóstol, albergó a la orden de los dominicos. Se cree que era una zona importante de la religión mixteca. El monasterio se construyó para reemplazar la fe antigua por la católica.

ZAACHILA

La zona arqueológica de **Zaachila** fue construida por los zapotecas, al mismo tiempo que Monte Albán; esta zona arqueológica es mucho más pequeña, su tamaño radica en su belleza. Lo atractivo son las tumbas que han sido descubiertas en el sitio, así como la decoración, con imágenes de Tláloc, el dios de la muerte, animales, jaguares, cabezas de serpiente y de águila.

SAN BARTOLO COYOTEPEC

Aquí la especialidad es el barro negro; este tipo de barro se cocina en un horno de dos bocas (o de reducción de atmósferas); el proceso prehispánico le sigue proporcionando el color negro o grisáceo característico, mate o brillante; además de emitir un sonido particular al golpearlo

SANTO TOMÁS JALIEZA

Los textiles son la especialidad en **Santo Tomás Jalieza** de este pueblo zapoteco, donde las mujeres se dedican a expresar su cosmogonía a través del telar de cintura. Resulta una hermosa imagen ver cómo se arma el telar, entre la cintura de la mujer y un árbol o poste de madera, para luego mover de forma ágil los dedos, convirtiendo diferentes hilos de algodón en caminos de mesa, manteles, bolsas, mochilas, carteras y muñecas.

Santo Tomás Jalieza

Este pueblo está dedicado a los textiles que utilizan hilo de seda y algodón; principalmente para tejer vestidos y blusas. La prenda oriunda del lugar se llama Vestido de San Antonio y se identifica por su bordado multicolor. Estos vestidos son utilizados por las mujeres de los valles centrales; además de los textiles de San Antonio, también se producen piezas de cestería, jaulas, canastas y servilleteros

OCOTLÁN

El golpe del martillo que golpea el acero en **Ocotlán**, ese es el sonido característico del lugar, cuyo producto son espadas, cuchillos, abrecartas, dagas y sables. Muchos de ellos con empuñaduras de cuero, hueso, bronce y cuerno, con leyendas o nombres sobre el filo de los mismos. Además del acero, también se trabaja, aunque en menor medida, cestería de carrizo, así como algo de piel e incluso vestidos y huipiles hechos de manta, bordados con hilo de seda.

RUTA 2: LA RUTA DE LOS PUEBLOS MANCOMUNADOS

Hace algunos años emigraron diez familias zapotecas, del pueblo de Zaachila hacia las montañas, en busca de tierra fértil; así, fundaron los Pueblos Mancomunados, aunque ellos se autonombran "gente de las nubes", ya que viven gran parte del año a la altura de las nubes o encima de ellas, debido a que algunos pueblos están a más de dos mil metros sobre el nivel del mar y las cumbres de sus cerros a más de tres mil metros.

Estos seis pueblos están a dos horas de la ciudad de Oaxaca, son los más ecoturísticos que hay en la sierra y puedes descubrirlos a pie, en bicicleta, a caballo o combinando las posibilidades, para atravesar cañones, cuevas, cascadas y, sobre todo, contemplar el hermoso paisaje.

Los recorridos pueden durar desde un día hasta una semana, ya que hay más de cien kilómetros de rutas por las cuales caminar, pedalear o trotar. Una de las rutas cortas, de tres horas y media, une a los pueblos de Benito Juárez y Cuajimoloyas. También se puede seguir ruta a Latuvi, descendiendo durante seis horas.

Personas de todo el país y el extranjero vienen a recorrer las rutas de esta sierra. Hay para todos los niveles; los que más las disfrutan son los que practican Enduro. De la ciudad de Oaxaca parten viajes de tres días, en los que se descienden senderos bastante técnicos. En los pueblos de Benito Juárez y Cuajimoloyas se pueden rentar bicis y guías para unas horas o varios días.

SAN MIGUEL AMATLÁN

En este pueblo puedes comenzar tu aventura de los Pueblos Mancomunados; aquí hay un pequeño museo que narra su historia. Dentro de las actividades está explorar sus interesantes alrededores; también puedes participar y observar el cultivo de hongos o la elaboración de pan, además de disfrutar de su gastronomía natural.

LATUVI

Este pueblo parece estar en la cima del mundo, a dos mil cuatrocientos metros sobre el nivel del mar. Tiene siete rutas que puedes recorrer a pie, en bicicleta o a caballo. Puedes bañarte en la Cascada de Molcajete; y si quieres divertirte, participa en la elaboración de pulque, tepache o mermelada. También hay criaderos de trucha, puedes pescar la que más te guste y comerla al instante.

LA NEVERÍA

Debido a su altitud y frío, durante finales del siglo XIX y XX, sus pobladores se dedicaban a vender nieve, de ahí su nombre. Este pueblo tiene una tirolesa y juegos de destreza aérea. Otra de las maravillas del lugar reside en su flora, pues las orquídeas y bromelias abundan; además, tiene una ruta para conocer los siete colores del maíz.

BENITO JUÁREZ

Desde este pueblo, a dos mil ochocientos metros sobre el nivel del mar, puedes observar los valles centrales desde arriba de las nubes, sobre las que puedes caminar, en el puente de ciento cincuenta metros de largo, así como lanzarte en tirolesa. En este bosque de coníferas hay pinos de más de trescientos años de antigüedad y treinta metros de altura. Aquí puedes aprender sobre la historia de los hongos y sus diferentes usos.

LLANO GRANDE

Está situado a poco más de tres mil metros de altitud sobre el nivel del mar; sus principales actividades, como en los demás Pueblos Mancomunados, son caminar, pasear en bicicleta y hacer ciclismo de montaña. Los talleres que se imparten están orientados a la gastronomía, en especial a la creación de pan y tortillas.

CUAJIMOLOYAS

A tres mil doscientos metros sobre el nivel del mar podrás observar los paisajes majestuosos que lo convierten en uno de los destinos principales del recorrido. Tiene nueve rutas que puedes caminar, o librar en bicicleta, que también puedes utilizar para andar por la montaña, así como deslizarte en tirolesa. Posee una amplia variedad de hongos; de hecho, ahí se realiza una feria tradicional de hongos silvestres. Para descansar, puedes recibir un masaje, una limpia y meterte al temazcal.

RUTA 3: DEL TULE A LAS RUINAS DE LA CASCADA HIERVE EL AGUA

El primer punto de esta ruta es el Árbol del Tule, el más grande del mundo. Es un ahuehuete de catorce metros de diámetro y una copa de sesenta metros. Tiene más de dos siglos de antigüedad y una de las diversiones de nativos y visitantes es buscar figuras y formas en su inmenso tronco.

Atrás, minúsculo en comparación al árbol, está

el Templo de Santa María de la Asunción, desde donde se ven otros dos ahuehuetes, bastante altos.

TEOTITLÁN DEL VALLE

En este pueblo, Picasso, Rivera y los símbolos zapotecas son convertidos en textiles y tapetes; muchos son hechos a mano; el mayor atractivo es la diversidad y alta calidad de los diseños.

En los talleres del pueblo se puede ver el proceso de manufactura; empieza con el cepillado de la lana, después hay que convertirla en hilo y luego viene la formación de madejas que se pintan con tintas naturales de plantas e insectos. Entonces comienza el tejido en el telar.

YAGUL

En esta zona arqueológica de Oaxaca, desarrollada en la época de Monte Albán, está el juego de pelota más grande de América. Sobresale la fortaleza que está en la cima de un cerro, desde donde se puede contemplar la zona.

Las construcciones principales son el palacio de los seis patios, la sala de consejo y la tumba triple; en paredes con grecas que parecen ser el prólogo del sitio de Mitla. Otra de sus características es la pintura en pisos y muros.

Al terminar de conocer este importante recinto, puedes visitar el sitio Caballito Blanco, donde hay pinturas rupestres, de más de ocho mil años antes de Cristo.

MITLA

La particularidad primordial de esta zona arqueológica estriba en la perfección de sus grecas; las formas y la precisión con las que están construidas te atraparán, en cuanto empieces a caminar a su alrededor; representaciones infinitas que pueden tener conexión con la muerte; en náhuatl, Mictlán significa lugar de muertos.

Otra de las cosas que las vuelve únicas es la posibilidad de entrar a las habitaciones del palacio, donde las grecas te mostrarán la oscuridad y la luz zapoteca. También se puede entrar a dos tumbas, donde se dice que están enterrados los sacerdotes y reyes zapotecas. Al terminar, puedes recorrer la iglesia y sentir el sincretismo religioso del lugar.

HIERVE EL AGUA

A este lugar le llaman "las ruinas de una cascada", una buena forma de definir un paraíso difícil de encontrar, conformado por ojos de agua de diferentes colores; algunos están calientes y puedes meter los pies; en otros puedes meterte de cuerpo entero, y desde el agua observar el desfiladero.

Los colores del agua tienen tonalidades azules y verdosas, y en las paredes de las cascadas petrificadas podrás ver como si la caída del agua se secara, detenida en el tiempo. En el lugar hay restaurantes y cabañas para disfrutar de la noche estrellada y descansar del recorrido, en los valles centrales de Oaxaca.

RUTA 4: LA COSTA OAXAQUEÑA

La costa oaxaqueña es uno de los paraísos playeros del planeta Tierra; hasta el momento, la contaminación y los grandes hoteles no han llegado, por lo que la belleza, tranquilidad y diversidad de sus playas permanece casi intacta. Los que gustan de la vida en la playa, esnórquel, pesca y surf, encontrarán un refugio de paz.

El recorrido puede durar siete o quince días, incluye esnórquel o pesca en las nueve Bahías de Huatulco, un contacto con la vida hippie y natural en Zipolite y Mazunte, surf en Zicatela, Puerto Escondido y Chacahua, donde la fuerza del mar y su luminiscencia te harán agradecer el vivir en este planeta.

Es aconsejable volar a Huatulco y realizar la

travesía en automóvil. El recorrido que proponemos empieza en Bahías de Huatulco, parte de un área nacional protegida, por lo que algunas se conservan libres de grandes hoteles, como La Entrega, El Violín, el Arrocito y San Agustín. Además, hay otras playas como Cacaluta o La Bocana, en la que hay una o dos palapas y una enorme costa, con muchos lugares para esnorkelear y observar la diversidad multicolor de los peces de arrecife.

Recomiendo pasar ahí de dos a cuatro días, ya sea hospedándote en la Crucecita o en uno de los grandes *resorts* que abundan por la bahía; para visitar una playa por la mañana y otra por la tarde, llegar temprano y esnorkelear; la visibilidad es mejor a esa hora del día; después, comer en cualquier otra playa y caminar o reposar en la playa para hacer la digestión, hasta presenciar el maravilloso atardecer de la costa oaxaqueña.

Después de pasar unos días en Huatulco, toma el auto para explorar la paradisiaca costa que continúa hacia el norte; las siguientes paradas son cuatro playas con un ambiente relajado: Zipolite, Mazunte, San Agustinillo y Ventanilla.

ZIPOLITE

Zipolite está reconocida como una playa nudista internacional y fue la primera en México que desarrolló el concepto hippie de playa. Ahí, el tiempo pasa lentamente, la parte norte de la breve playa es la más desarrollada y sofisticada, la parte sur es la más alternativa; hay muchos lugares para todos los gustos.

El descanso en Zipolite consiste en levantarse tarde, estar en la playa, acostado, caminar, nadar, comer en uno de los restaurantes que se despliegan a lo largo de la arena, así como en calles aledañas; y en la noche una fiesta en algún restaurante, bar o fogata.

MAZUNTE Y SAN AGUSTINILLO

Las playas que siguen hacia el norte son Mazunte y San Agustinillo, tan sólo separadas por una pequeña roca; aquí, la vida playera es menor, hay menos palapas y la costa es más pequeña; sin embargo, es más tranquilo que Zipolite; un poco más familiar.

Hay menos restaurantes, palapas, hostales y hoteles que en Zipolite, y la playa es más tranquila en cuanto a su oleaje. Al atardecer, la costumbre es subir a Punta Cometa, escalando un cerro o por un camino trazado, donde se puede apreciar el atardecer desde una alta roca, con las olas rompiendo debajo, y ver extenderse, en el horizonte, los reflejos naranjas sobre el mar.

Por la noche hay bares, una pizzería, un local de hamburguesas y un delicioso lugar para comer pescado a las brasas: en ese local puedes comer huachinango, langosta, filete o camarones, en una salsa que mezcla adobo y chimichurri. En la noche se puede caminar por la playa, observar las olas y las estrellas.

VENTANILLA

La última playa de esta sección hippie de la costa oaxaqueña es Ventanilla, la cual está mucho menos desarrollada que las anteriores; hay poco hospedaje y la playa es larga y deshabitada, sin sombra.

Si buscas un sitio súper relajado y solitario ésta sigue siendo la mejor opción, la segunda es San Agustinillo, después Mazunte y, por último, Zipolite. Si lo hippie no es para ti puedes visitarlas durante el día y regresar a Huatulco o Puerto Escondido, pues está justo a la mitad, y haces una hora hacia cualquiera de los dos puntos.

La siguiente parada del recorrido es Zicatela y Puerto Escondido, playas unidas, de hecho, la frontera entre una y otra es imperceptible. Si vas en plan familiar la mejor opción es Puerto Escondido, donde encontrarás cinco playas con restaurantes familiares y un malecón, si vas en un plan mucho más juvenil, aventurero o surfer debes dirigirte a Zicatela y Punta Zicatela.

ZICATELA

En Zicatela el tiempo transcurre lentamente durante el día; sin embargo, al amanecer y al atardecer, la playa se llena de surfers, atraídos por las grandes olas. Para pasar el día puedes ir a una docena de clubes de playa y pasar un día en mar abierto; en la tarde, después de surfear o caminar y ver el atardecer, podrás cenar en alguno de los restaurantes que ofrecen pizzas, pesca del día, comida thai y ceviche peruano.

PUERTO ESCONDIDA

En Puerto Escondido hay una infraestructura hotelera mucho mayor que en Zicatela. Puedes descansar en hoteles de tres a cinco estrellas, ir a la playa y pasear. Por la tarde recorrer el malecón, donde encontrarás al menos una docena de opciones para cenar y pasar una noche agradable.

LAGUNA DE MANIALTEPEC

Durante tu estancia en Puerto Escondido y Zicatela, aprovecha y visita la Laguna de Manialtepec en la noche, para admirar el efecto de la bioluminiscencia. La aventura empieza al atardecer, con un recorrido por la laguna, observando una diversidad de aves que te acompañarán. De regreso, a medianoche y en plena jungla, verás un cielo estrellado como pocas veces en tu vida.

Durante ciertos momentos observarás un resplandor en el agua, una luz fosforescente llamada bioluminiscencia. Cuando la lancha se detenga y te arrojes a la oscura laguna, el agua a tu alrededor empezará a brillar; conforme te muevas, el brillo aparecerá, de forma intermitente; si mueves las manos, parecerá que están llenas de luciérnagas o estrellas, una experiencia en la que las palabras no bastan para expresar lo que se quiere.

CHACAHUA

Después de pasar unos días en Puerto Escondido y Huatulco, si quieres un encuentro con la naturaleza, te recomiendo ir a Chacahua, una de las playas más hermosas y poco habitadas de Oaxaca.

Para llegar tienes que cruzar la laguna de Chacahua, puedes tomar dos rutas, la corta o la larga;

en la corta cruzas la laguna en cinco minutos; en la larga, el recorrido dura cuarenta y cinco minutos.

Al llegar, hay una hilera de palapas que mide unos cuantos metros y kilómetros de playa virgen; las opciones son pocas, pero maravillosas; caminar, nadar en la laguna, en el mar, tomar clases de surf; muchas personas de otros países vienen hasta esta playa, en busca de la ola perfecta.

Aquí puedes ver el amanecer en una playa que antes era una laguna y el atardecer del otro lado; durante la noche puedes hacer recorridos de luminiscencia. La vista es mucho mejor que en Manialtepec, pues hay menos luz. Podrás deslizarte en la lancha, en plena oscuridad, con un cielo estrellado, sentir el viento en la cara y, justo en medio de la oscuridad, tirarte al agua y jugar con la luminiscencia, sacarle brillo al agua y flotar en medio de la noche, con los ojos fijos en las estrellas, sintiéndote dichoso, maravillado y agradecido por lo que has vivido en la costa oaxaqueña.

RECOMENDACIONES

La gastronomía oaxaqueña es exquisita, no dejes de probar el mole, chocolate y tlayudas.

La mejor forma de recorrer esta ruta es en auto; sin embargo, el camino de la ciudad de Oaxaca hacia la costa dura seis horas; es empinado, complicado y lleno de curvas, la mejor forma de llegar a la costa es en avión, si rentas coche te recomendamos hacerlo en la ciudad de Oaxaca y visitar los alrededores, tomar un camión a Huatulco o Puerto Escondido y luego rentar otro auto.

Ten cuidado con tus pertenencias en las playas, sobre todo en Zipolite, si vas a entrar al mar deja tus cosas en una bolsa, encargadas en algún restaurante.

La mejor playa para ver bioluminiscencia es Chacahua.

La costa es conocida por sus grandes olas, ten cuidado al nadar.

La mejor forma de hacer esta ruta es en automóvil, aunque puedes utilizar taxis públicos o privados.

Esta ruta se puede combinar con **las 4 rutas del Centro de México**, rumbo a Puebla; la costa oaxaqueña la puedes combinar con la **Guerrero** , así como conectarla con la ruta **Chiapas**.

10. MICHOACÁN

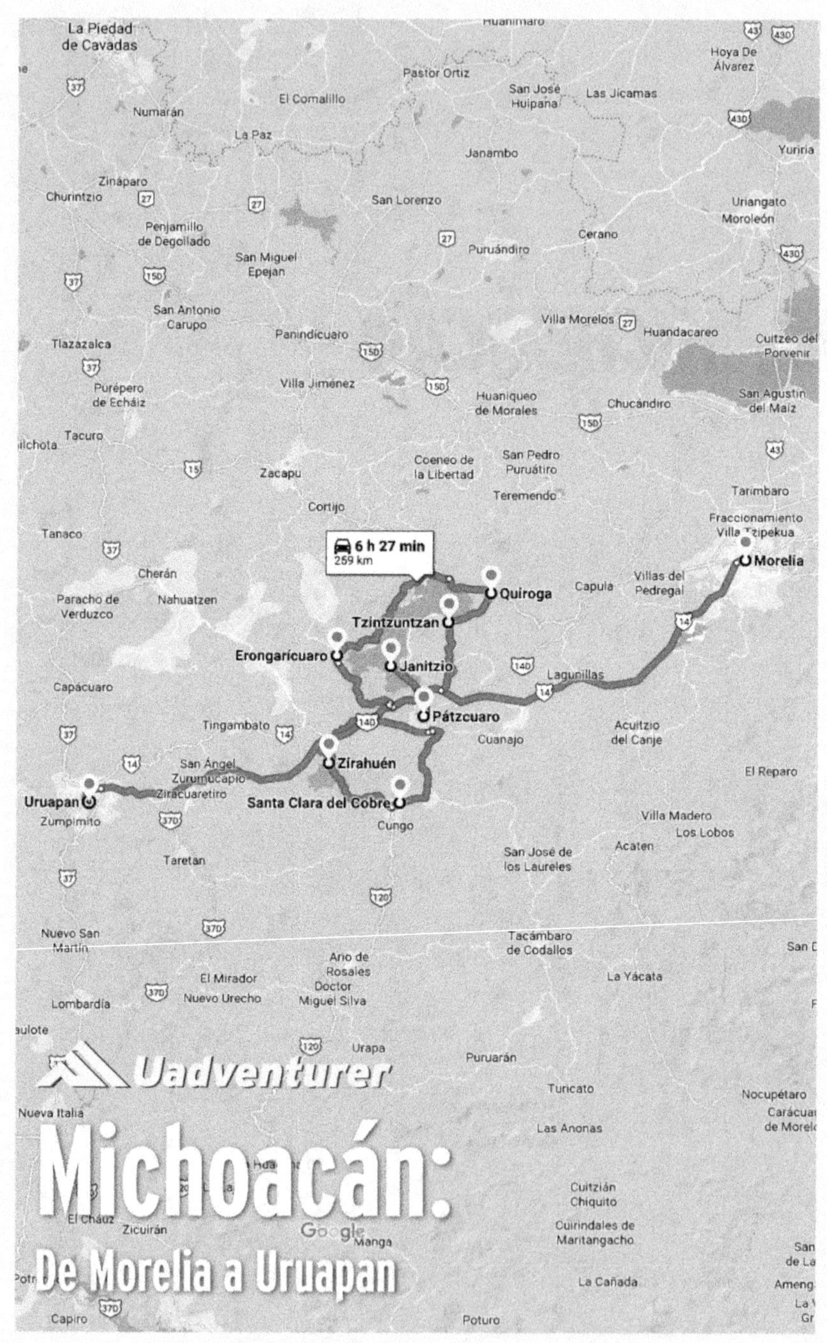

La Piedad
de Cavadas
Hoya De
Álvarez
Pastor Ortiz
San José
Huipana
Las Jicamas
El Comalillo
Numarán
La Paz
Janambo
Yuriria
Zináparo
Churintzio
San Lorenzo
Uriangato
Moroleón
Penjamillo
de Degollado
Cerano
Puruándiro
San Miguel
Epejan
San Antonio
Carupo
Panindícuaro
Villa Morelos
Huandacareo
Cuitzeo del
Porvenir
Tlazazalca
Purépero
de Echáiz
Villa Jiménez
Huaniqueo
de Morales
Chucándiro
San Agustín
del Maíz
Tacuro
Tanaco
Zacapu
Coeneo de
la Libertad
San Pedro
Puruátiro
Teremendo
Tarimbaro
Cortijo
Fraccionamiento
Villa Tzipekua
6 h 27 min
259 km
Morelia
Cherán
Quiroga
Capula
Villas del
Pedregal
Paracho de
Verduzco
Nahuatzen
Tzintzuntzan
Erongarícuaro
Janitzio
Lagunillas
Capácuaro
Pátzcuaro
Acuitzio
del Canje
Tingambato
Cuanajo
El Reparo
San Ángel
Zurumúcapio
Zirácuaretiro
Zirahuén
Uruapan
Santa Clara del Cobre
Villa Madero
Los Lobos
Acaten
Zumpimito
Cungo
San José de
los Laureles
Taretan
Nuevo San
Martín
Tacámbaro
de Codallos
La Yácata
El Mirador
Ario de
Rosales
Doctor
Miguel Silva
Lombardía
Nuevo Urecho
Urapa
Puruarán
Nueva Italia
Turicato
Nocupétaro
Carácuar
de Morelos
Las Anonas
Michoacán:
De Morelia a Uruapan
El Cháuz
Zicuirán
Manga
Cuitzián
Chiquito
Cuirindales de
Maritangacho
La Cañada
Capiro
Poturo
Uadventurer

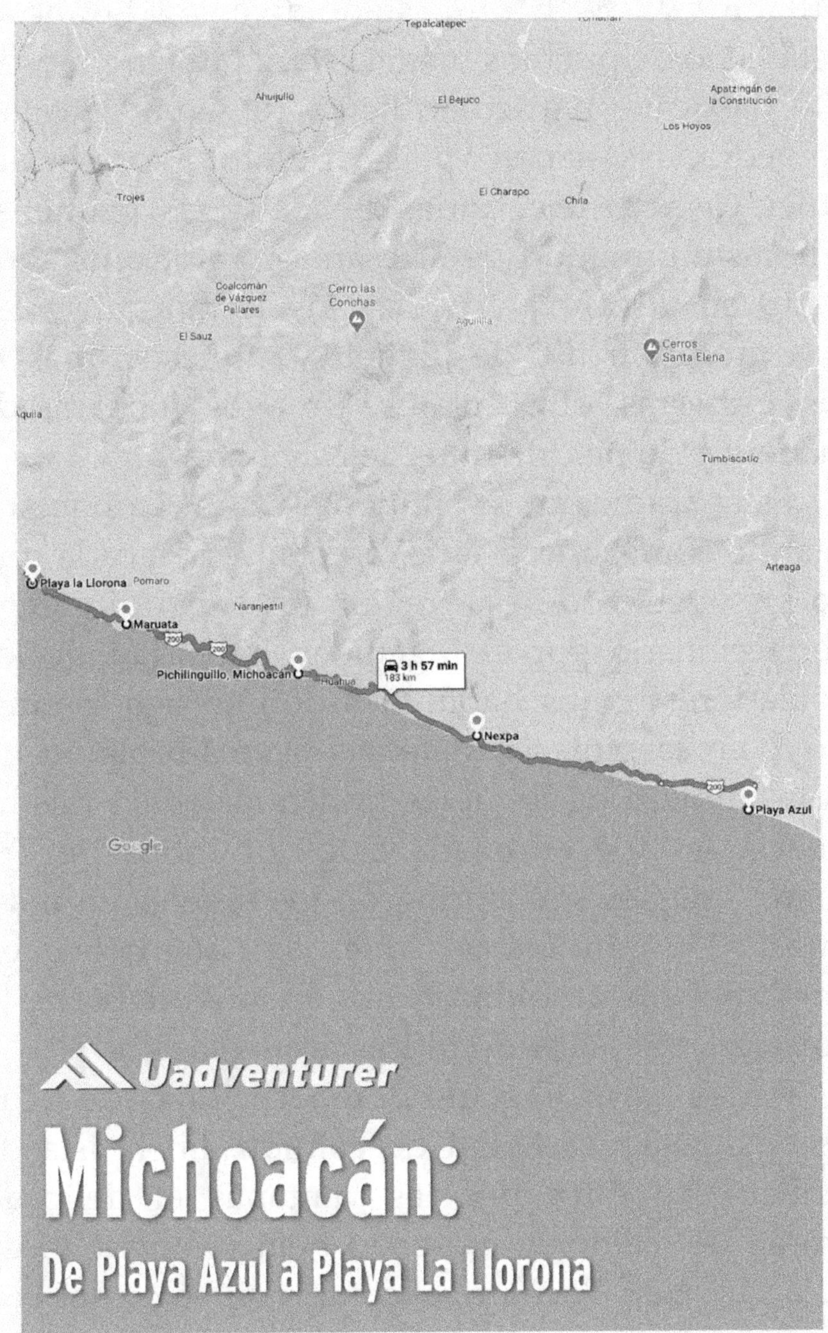

Tepalcatepec
Apatzingán de la Constitución
Ahuijullo
El Bejuco
Los Hoyos
El Charapo
Chila
Trojes
Coalcomán de Vázquez Pallares
Cerro las Conchas
Aguililla
El Sauz
Cerros Santa Elena
Aquila
Tumbiscatio
Arteaga
Playa la Llorona
Pomaro
Naranjestil
Maruata
200
200
Pichilinguillo, Michoacán
Huahua
3 h 57 min
183 km
Nexpa
200
Playa Azul
Google
Uadventurer
Michoacán:
De Playa Azul a Playa La Llorona

MICHOACÁN ES un estado diverso y hermoso. Está lleno de pueblos mágicos que poseen un espíritu mexicano particular; llenos de vida, las calles empedradas dejan ver paisajes pintorescos por doquier; casas de teja, caídas de dos aguas, pequeñas iglesias e infinidad de artesanías y artesanos, que traducen la calma y belleza de la naturaleza en una multiplicidad de juguetes, muñecos, máscaras, guitarras, ollas, platos, jorongos cucharas de madera y de piedra, hilos, telas y lindeza.

Esta tradición se remonta a la Conquista, cuando el misionero Tata Vasco enseñó a cada uno de los pueblos de esta región un oficio diferente, perfeccionado por el ingenio y habilidad de los pobladores. A los habitantes de Quiroga los instruyó en carpintería, y de sus manos brotaron un gran número de juguetes tradicionales; la misma ciencia les fue enseñada a los oriundos de Tócuaro, quienes transformaron los árboles en máscaras. Los indígenas que se quedaron en Tzintzuntzan amoldaron sus manos al barro, y hoy siguen replicando piezas arqueológicas.

Por su parte, el genio purépecha ha dado a luz una exquisita variedad de comida. En la isla de Janitzio, se filtra por las ventanas el delicado aroma del caldo de pescado blanco, envuelto en hoja santa; en Tócuaro, el confortable olor del pan de las capirotadas; en Erongarícuaro, el aroma del Churipo y en Quiroga, aparte de las deliciosas empanadas de cajeta casera, están las mejores carnitas de México, aquellas que le han dado fama internacional al "estilo Michoacán".

Estos poblados repletos de artesanías y delicias, localizados en la ribera del lago, están unidos por un circuito carretero; la distancia entre uno y otro es corta; aparte de que los paisajes naturales de esta región semi montañosa, siempre verde, concierta de forma perfecta con la laberíntica ciudad de Pátzcuaro, la zona arqueológica de las Yácatas, los floridos balcones de Erongarícuaro; con los purépechas o tarascos; generalmente dispuestos a compartir, enseñar y vender su trabajo en todo momento.

Michoacán es naturaleza. Hay muchos lugares que te robaran el aliento, como la Reserva de la Biosfera de la Mariposa Monarca, donde cada año, cientos de miles de ellas revuelan, llenas de vida los árboles gigantes; otros sitios son acuáticos, como Zirahuén donde verás el espejo de los dioses, o Uruapan, con un parque único, lleno de cascadas donde el agua canta.

Los ríos desembocan en el mar y los de Michoacán no son la excepción; al final de los ríos están las playas michoacanas, una mezcla de naturaleza, estruendo, oleaje y atardeceres memorables.

En Playa Azul y Nexpa podrás surfear olas de clase mundial y combinar tu viaje con nado o kayak. En Pichilinguillo el mar se convierte en una familiar playa de ecoturismo, con grutas de agua termal y en Maruata escucharás el estruendo de olas de diez metros, rompiendo frente a tus ojos en Dedo de Dios.

RUTA 1: PUEBLOS DE MICHOACÁN

Morelia fue reconocida internacionalmente como la Ciudad Luz de Latinoamérica, y es Patrimonio Cultural de la Humanidad; la ciudad mejor iluminada, desde México hasta Argentina.

La catedral de cantera rosa es el punto vital del corazón de la ciudad. En su interior, un órgano de cuatro mil seiscientos flautas llena el ambiente con colorida música, como las artesanías que se fabrican en el estado; además de su gastronomía: uchepos, ate, chocolate, churros, las mejores papas de México, camote morado, y sagrado como la naturaleza presente en sus montañas, hay bosques, aguas termales, lagunas, playas vírgenes, mariposas Monarca, y el amor que los morelianos profesan por su tierra.

El centro histórico es el mejor lugar para empezar el recorrido de una capital que sintetiza lo que ofrece su estado. Ahí podemos encontrar muestras del pasado en los exteriores e interiores de sus apabullantes construcciones; muchas de ellas, acondicionadas como hoteles y restaurantes.

Después de pasear a lo largo y ancho, y caminar hacia la Biblioteca Pública de la Universidad Michoacana, con los más de veinte mil libros que conviven con murales, vitrales y una atmósfera didáctica, ya que a su lado está el Mercado de Dulces y Artesanías de la región: ollas de Santa Clara del Cobre, guitarras de Paracho, juguetes tradicionales de Quiroga, barro de Tzintzuntzan, diablitos de Cumicho y grandes vasijas de Cocucha, por citar algunas. Si disfrutaste la experiencia, gozarás las rutas por los pueblos de los que provienen estas maravillas.

Además de la tradición antigua, está el arte contemporáneo vivo, ya que la ciudad es sede del Festival Internacional de Cine de Morelia. Al seguir el recorrido por el centro, llegarás al Centro Cultural Clavijero, exconvento de San Francisco transformado en museo. En este tenor, está el Museo de Arte Colonial, que tiene pinturas, esculturas religiosas y más de cien cristos; además custodia una de las colecciones de armas más grandes de la época Colonial y la pintura novohispana.

La cultura michoacana también está en su comida; cada año, cientos de chefs acuden en noviembre al Festival Internacional de Gastronomía y Vino, Morelia en Boca; aunque cualquier día del año podrás probar tamales típicos: corundas y uchepos, sopa tarasca de frijoles con tortillas, queso, crema y epazote, carnitas estilo Michoacán, y de postre ate, obleas con cajetas, chongos zamoranos y rodillos de fruta, en cualquiera de restaurantes, acondicionados en casas típicas. Si quieres probar más, puedes ir al Museo del Dulce.

Otros lugares que debes visitar son: el Jardín de las Rosas, para tomar un café en su pequeña plaza y escuchar el agua de la Fuente de las Tarascas; el Conservatorio de las Rosas, para escuchar música clásica; la Casa de Cultura, para oír música moderna; o si vas acompañado, dar un paseo nocturno por el Callejón del Romance.

Una excelente forma de conocer Morelia es hospedarse en una de sus viejas casonas, comer en sus tradicionales restaurantes, pasear por sus calles, disfrutar sus dulces acompañado por el arte y visitar los pueblos que la rodean. La combinación de arte Colonial, tradición, artesanías y una naturaleza te enamorarán.

RESERVA DE LA BIOSFERA DE LA MARIPOSA MONARCA

Una explosión de vida, matices, alegría, ligereza, armonía y naturaleza es lo que transmiten las miles de mariposas migratorias que, año con año, viajan desde Canadá, agrupadas en miles de colonias. La experiencia de estar en medio de su alegre movimiento es algo que debes vivir si vas a Michoacán durante febrero y marzo.

La Reserva de la Biosfera de la Mariposa Monarca es la zona más visitada del Rosario; ahí verás a las mariposas posadas o volando entre grandes robles. El sitio está cerca del pueblo de Ocampo. Para llegar, debes caminar un poco o tomar un caballo.

Si quieres ver a las mariposas desde otro punto de vista, puedes ir a Sierra Chincua, cerca de Angangueo, donde es recomendable hospedarse para visitar la zona. Hay cinco lugares diferentes en los cuales podrás sentir la presencia de este insecto en su máxima expresión.

CUITZEO

Si vas o vienes de Morelia, con dirección a la Reserva de la Mariposa Monarca, puedes hacer una breve parada en Cuitzeo. Antes de llegar al pueblo te sentirás maravillado, para llegar deberás cruzar un puente hacia el pueblo de Cuitzeo, donde podrás visitar el Convento Agustino y el de Santa María Magdalena, los mejor conservados de la época virreinal. En este poblado, la historia que cuenta su arquitectura es inolvidable.

Después de recorrer su laberíntica composición, puedes comer en alguno de los restaurantes del pueblo, ver el atardecer en el malecón y seguir camino hacia Morelia.

PÁTZCUARO

En cuanto llegues al pueblo, aconsejo visitar la Plaza Vasco de Quiroga, donde está la estatua del querido patrono de la región, rodeada por un cortejo de niños, jóvenes y ancianos, quienes dan la bienvenida a los visitantes con la Danza de los Viejitos.

Después de observar el baile, descansa en los portales de la plaza y prueba la nieve de pasta; puedes caminar a la Basílica de Nuestra Señora de la Salud, donde podrás contemplar el arte virreinal; el clima es cambiante; del sol se pasa a la lluvia en poco tiempo.

La atmósfera de lluvia y neblina le proporciona al pueblo un ambiente acogedor; la mayoría de las casas tiene techos de adobe, con caída de dos aguas; las fachadas de los comercios están pintadas de blanco y sus letreros poseen la misma tipografía estilo rústico… un toque pintoresco.

Familiarízate con las artesanías de la región, visita el Museo de Artes e Industrias Populares para conocer un poco de su historia. Al terminar, camina por las calles empedradas hacia la Plaza Gertrudis Bocanegra, el Mercado de Artesanías y comida típica, donde contemplarás el trabajo artesanal de los pueblos aledaños. Una recomendación: no compres nada antes de visitar los pueblos, pues la calidad y el precio en estos suelen ser mucho mejores.

JANITZIO

Deja la ciudad de Morelia por avenida Las Américas, hasta pasar el monumento a Tanganxoan, donde está la desviación rumbo al Muelle General de Pátzcuaro, donde salen las lanchas que te llevan a Janitzio, la isla en medio del lago.

Al llegar, puedes conquistar su cima. Mientras asciendes por las estrechas calles empinadas, verás muchas tiendas de artesanías, entre las que sobresalen, por su precio y calidad, los jorongos de lana.

La pendiente de la calle medirá tu condición física, la sugerencia es mirar hacia arriba y hacer las menores paradas posibles. La artesanía endémica del lugar son las redes de cáñamo, pequeñas réplicas de las que utilizaban los purépechas para pescar, justo como se ve en los billetes de 50 pesos.

La vista es increíble desde la cúspide; si el día es claro, se puede observar a las otras cinco islas, suspendidas en la laguna; de lo contrario, su forma se adivina entre la bruma.

Después de hacer una pausa, introdúcete al interior del monumento de José María Morelos, donde podrás subir por una escalinata redonda, mientras admiras las pinturas de Ramón Alva de la Canal, que ilustran la vida del general.

Saciado el apetito estético, puedes sentarte a comer. Primero, compra un vasito de charales para abrir el apetito; después camina frente a los restaurantes, deja que tu olfato te guíe hasta que sientas el aroma de la hierba santa. Entra al lugar, escoge una buena vista, pide un caldo de pescado blanco y un atole de Pinole.

Para la sobremesa, toma la lancha de regreso y observa como las enigmáticas islas se pierden en el neblinoso horizonte. Regresa al Muelle de Pátzcuaro y prepárate para dar un paseo.

TZINTZUNTZAN

Para entender y saber más de la zona en la que te estás, debes tomar la carretera con dirección a Quiroga; en el kilómetro 17, encontrarás la desviación a Tzintzuntzan, la capital prehispánica de los antiguos purépechas.

Al acercarte a Tzintzuntzan es probable que encuentres neblina y al llegar a la zona arqueológica verás las cinco Yácatas, construcciones piramidales redondeadas, edificadas sobre una gran plataforma, asomadas entre la blanca espesura, con la mítica laguna como fondo. La mezcla de naturaleza, pirámides, agua y árboles frutales crea un ambiente de paz, energía y belleza.

Vasco de Quiroga erigió el convento Francisco de Santa Ana, el primero de Michoacán; en el atrio del convento hay dos viejos y grandes olivos. En el Mercado de Artesanías encontrarás cazuelas, tarros, platos, collares y demás objetos de barro rojo, entre los que destacan las réplicas de figuras prehispánicas.

En el pueblo se produce una gran cantidad de artesanías de tule, chuspata y popotillo; desde pequeñas miniaturas hasta grandes pájaros, de más de un metro de altura; pasando por petates, sopladores, cestitas, cuneros y atrapa novias, por citar algunos.

QUIROGA

Después de atestiguar el pasado de los purépechas, la ruta se encamina hacia el pasado: la niñez. Treinta kilómetros adelante, por la misma carretera 15, llegarás a Quiroga, la capital de los juguetes mexicanos.

Al adentrarte en las tiendas de la avenida central verás trompos y yoyos de madera, iguales a los que usaron tus padres; también hay cajitas sorpresa, de esas que al abrirlas despiertan a una viborita que te pica el dedo; futbolitos, soldaditos, baleros, los dos boxeadores en el ring, entre muchos otros.

La plaza central está llena de comercios y restaurantes callejeros donde puedes examinar el tesoro que acabas de adquirir. Sin embargo, Quiroga no sólo es famoso por sus juguetes, sino por ser cuna de las carnitas estilo Michoacán. Las más famosas del estado son las de don Carmelo y las de don Olivo, cuya fama tienen bien ganada. Al probarlas, te darás cuenta de la avasalladora delicia que tienes en las manos; cada mordida es inolvidable.

Para terminar el recorrido por Quiroga con un buen sabor de boca, endulza la vida con empanadas rellenas de cajeta casera y polvorones, que venden en las calles y las panaderías del pueblo.

Si te gustan las artesanías continúa hacia los pueblos siguientes; de otra forma dirígete a Zirahuén.

ERONGARÍCUARO DE LAS FLORES

Toma la desviación hacia Chupícuaro; disfruta el tranquilo vaivén de la carretera hasta que llegues la desviación a Erongarícuaro. Durante el recorrido, aparecerá de forma intermitente la vista del majestuoso lago entre las montañas.

Al llegar a Erongarícuaro verás muchísimas flores de diversos tamaños y colores, tanto en los balcones como en las entradas de las casas. En este pueblo importan tanto las macetas, que incluso las retratan al óleo, en diversas artesanías de madera; y anualmente se realiza un concurso, para ver quién ha cultivado las más bellas plantas.

Erongarícuaro es reconocido por el sabor de su churipo, exquisito caldo de res con verduras y chile guajillo. Aunque el platillo se prepara en la región, este es el pueblo más famoso para comerlo. Para acompañarlo, nada mejor que las corundas, pequeños tamales con sabor a queso y especias.

TÓCUARO

A diez kilómetros del florido pueblo encontrarás Tócuaro, y conforme llegues al centro de la ciudad, te sentirás observado por sus cientos de máscaras humanas, de animales, ídolos y extrañas mimetizaciones. Algunas te arrancarán una sonrisa, otras te darán miedo o infundirán respeto. La calidad y realismo con que están talladas les ha dado fama mundial; cuando las veas, sabrás por qué.

Tócuaro es reconocido por su capirotada, preparada con pan de huevo, horneado con miel de piloncillo, al que se le agregan queso y pasas. Otro de los dulces manjares de la región son los buñuelos y el atole de grano, mezcla de maíz con chile verde y anís.

Quince kilómetros después llegarás al pueblo donde empezó el viaje: Pátzcuaro. Cargado con juguetes de madera de Quiroga, varias máscaras de Tócuaro, tres jorongos de lana de Janitzio, óleos y macetas de Erongarícuaro, réplicas de las Yácatas de Tzintzuntzan y una amplia variedad de fotografías y recuerdos.

SANTA CLARA DEL COBRE

A lo largo de la ruta, habrás sentido el sol en la frente de las mañanas, aunque seguramente aún no lo has visto reflejado en el metal que le da nombre a Santa Clara. El pueblo está dedicado a la orfebrería de cobre; lo más común son ollas y artículos de cocina, jarrones, adornos, máscaras, joyas y muchos otros artículos.

Ahí encontrarás talleres y recorridos guiados para conocer el proceso de la extracción y manufactura del cobre; incluso puedes tomar el mazo y golpear el metal para darle forma. También se puede ir al mercado y probar las tortas de tostada, hechas con carne apache (carne molida, curtida en limón) o carnitas, así como el tradicional atole de pinole, o el Agras, fermento de membrillo con azúcar; además de los dulces de leche en pan de camote.

Camina un rato por el centro y detente en el kiosco con cúpula de cobre, luego ve al Museo del Cobre, donde verás grandes esculturas, conocerás el oficio de la región y en su taller podrás tener, frente a tus ojos, el metal al rojo vivo; mientras, a ritmo de martillo se convierte en una obra de arte o utensilio.

LAGUNA DE ZIRAHUÉN

Después de la cultura y artesanía, comienza el camino hacia la exuberante naturaleza michoacana, y con ella un sinfín de actividades de ecoturismo. Zirahuén es un buen principio; conforme te acercas al lago, sientes la explosión de la naturaleza; si te gustan los deportes de aventura, estás en el lugar correcto.

Las actividades en el lago son nadar, kayak, y un paseo en una de sus características lanchas; en tierra puedes hacer caminatas, andar en bicicleta de montaña, dar paseos a caballo o en cuatrimotos; y en lo alto podrás dejarte caer de algunas tirolesas y atravesar puentes colgantes. Si quieres una experiencia de alto rendimiento, puedes ir al parque de *gotcha*.

Si te agotaste por tanta aventura, puedes tomar un masaje o un temazcal al lado de la mística laguna de pinos, espejo de los dioses: eso significa Zirahuén en purépecha. En el lugar puedes rentar una cabaña y ver el cielo estrellado reflejado en el espejo de agua, emergiendo de entre la neblina por la mañana.

URUAPAN

El agua y los aguacates son los dos grandes atractivos de este pueblo, conocido como la Capital Mundial del Aguacate. Si te encanta su sabor, en este lugar quedarás cautivado. El nombre Uruapan significa "lugar de la eterna formación y fecundidad", y para que eso se logre se necesita mucha agua.

El Parque Nacional de Uruapan, Barranca de Cupatitzio, significa "río que canta" y está lleno de cascadas y fuentes; una especie de templo natural al agua, donde la belleza y frescura natural de la prístina y purísima agua te devolverá la vida.

La naturaleza es profusa, el parque verde está repleto de helechos, orquídeas y árboles de Ficus. Dicen que hay más de noventa especies de plantas y árboles, y en sus ramas verás la convivencia de búhos, pericos, colibríes, pájaros carpinteros, golondrinas, jilgueros, ardillas y tlacoaches.

Durante el recorrido, pasarás puentes colgantes y de piedra, así como una amplia diversidad de fuentes, cascadas y sonidos de agua. Al terminar está la Rodilla del diablo, un manantial en el que puedes nadar y comer truchas, que crían y cocinan en el lugar.

Visita el Mercado de Artesanías y observa los

rebozos, gabanes, manteles y jorongos de la localidad; además de sus platos lacados de colores y
vida.

RUTA 2: COSTA MICHOACANA

Si quieres continuar el viaje por Michoacán, te
aconsejo dirigirte a la costa michoacana; un paraíso para la gente que ama las playas vírgenes y
el surf. Sus famosas olas están en playas que no
cuentan con infraestructura turística; falta que
funciona como gran atractivo para la gente que
ama las fuertes olas en el mar y las playas hippies
y desoladas.

PLAYA AZUL Y NEXPA

El destino por excelencia de la costa michoacana
es Playa Azul; si te gusta surfear y tienes la destreza, aquí tendrás la oportunidad de domar sus
olas de dos puntos: que vienen y van en direc-
ciones opuestas. Desde la playa, el espectáculo es
raro, como ver aplausos de agua.

Si prefieres algo más calmado, visita la playa
Barra de Tigre, donde hay una laguna de agua
dulce. Ahí verás un barco encallado, el Betula. A
una hora está playa Nexpa, donde el mar convive
con la laguna, con una experiencia de surf y kayak

únicas. Sus olas atraen a personas de diversos países, que llegan a pasar unos días de completa libertad; un lugar perfecto para contemplar el mar, comer riquísimo, hospedarse en una cabaña y surfear olas de dos a cinco metros. Junto a la playa está río Nexpa, donde el estruendo se calla y se entra al río, nadando o en kayak.

PICHILINGUILLO

En esta tranquila playa de agua verde esmeralda y fina arena gris puedes nadar tranquilamente, pescar, y si quieres ver la vida debajo del agua, hacer esnórquel o bucear. De ahí salen lanchas que dan recorridos por la zona; además, si caminas unos minutos llegarás a una gruta de aguas termales. Para coronar la experiencia, una buena langosta. Esta es una de las mejores opciones para un viaje ecoturístico en familia.

MARUATA

Al llegar a Maruata, ve hacia los peñascos; conforme te acerques, verás cuevas en las que el mar parece respirar. El agua se retrae de forma escandalosa y luego regresa, como si fuera una lengua; si asciendes por una de sus rocas, llegarás a una especie de bocana formada por altas rocas. Frente a ti verás un gran pico, conocido como el Dedo de Dios, donde las olas rompen, serena e interminablemente.

Si el mar está picado, habrá olas de entre cinco y diez metros de altura, rompiendo contra el pico y creando el estruendo que convierte el agua en una brisa que se suspende momentáneamente, y luego te baña; después, las olas pasan debajo de las rocas y se meten en las cavernas, donde el eco de la batahola se expande.

El lugar es inolvidable, su belleza llena los ojos de mar. Su ambiente juvenil la hace divertida, aquí podrás dormir en palapas, casa de campaña o hamacas.

LA LLORONA

La última playa que recomiendo en el recorrido es La Llorona; su nombre se debe a que, mientras caminas, además del mar escucharás un incesante gemido, que cesará apenas te detengas y volverá en cuanto des el primer paso.

En este solitario lugar tu mente podrá descansar, celebrar la belleza michoacana y ser testigo de un atardecer inolvidable, en una apacible playa virgen.

RECOMENDACIONES

La distancia entre pueblos es corta; sin embargo, las carreteras son estrechas, por lo que hay que manejar con cuidado y a baja velocidad.

La mejor forma de recorrer esta ruta es en automóvil.

A lo largo de la costa de Michoacán encontrarás más de una docena de playas vírgenes, las más bellas y seguras son las que te recomendamos.

La costa es conocida por el surf y sus grandes olas, así que ten cuidado.

Esta ruta se puede combinar con **Las 4 rutas del Centro de México**; el viaje por la costa puede extenderse con la ruta **Guerrero Costa a Costa** y con **Glamour Costa Oeste**.

11. GUANAJUATO

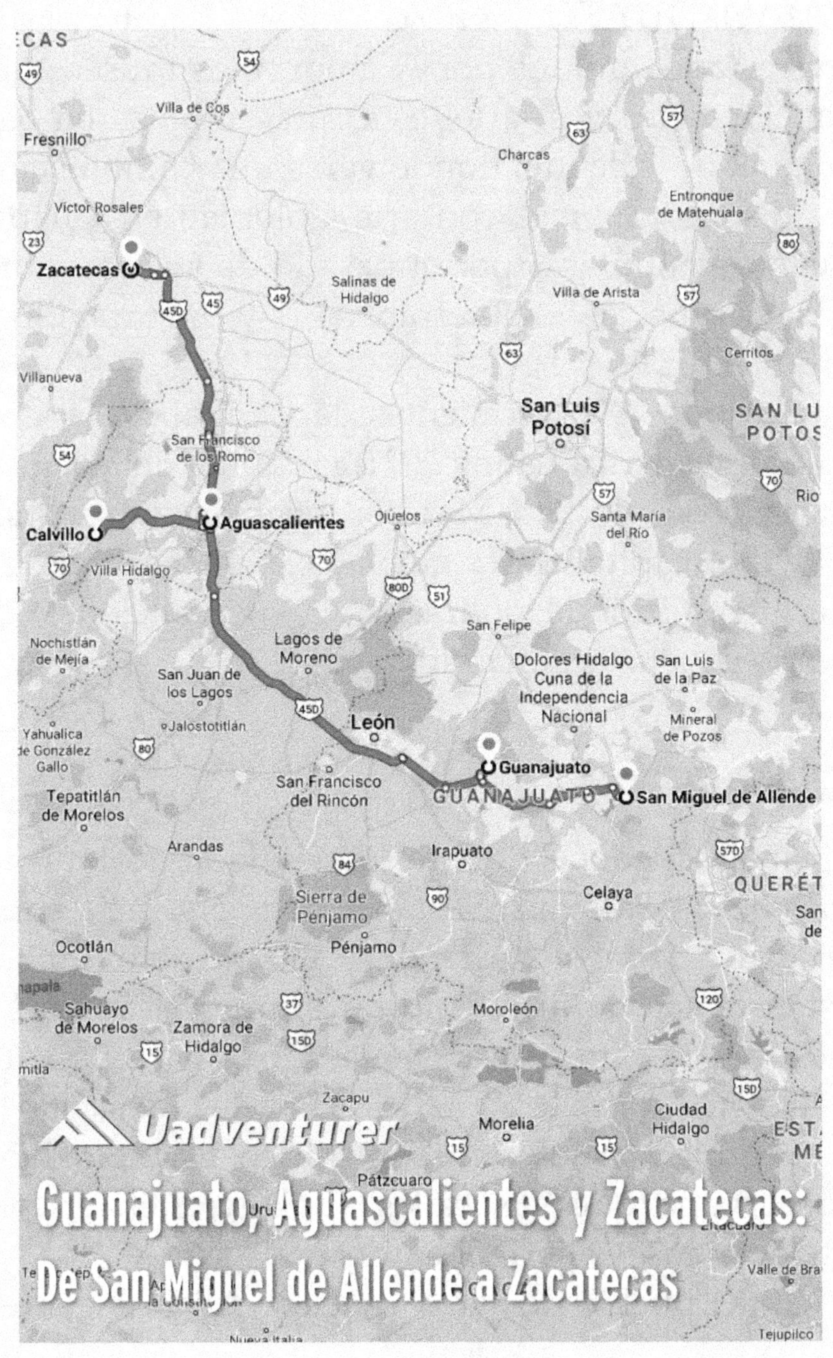
Zacatecas
Calvillo
Aguascalientes
Guanajuato
San Miguel de Allende
León
Uadventurer
Guanajuato, Aguascalientes y Zacatecas:
De San Miguel de Allende a Zacatecas

GUANAJUATO, Aguascalientes y Zacatecas son tres estados unidos por el amor a los museos, las callejoneadas y el arte; esta ruta empieza en San Miguel de Allende, donde verás una combinación de diseño, *boutique* con arte Colonial; en Guanajuato deambularás por el pasado de sus catacumbas, túneles subterráneos y maravillosa arquitectura

Después Aguascalientes, la Capital de la Cultura de América Latina 2021; la capital de la legendaria fiesta de San Marcos; luego la ecoturística Calvillo, capital de la guayaba, para terminar en Zacatecas, donde podrás vivir sus callejones, tirando cohetes y bailando.

GUANAJUATO

Guanajuato tiene dos de las ciudades coloniales más bellas del país; y están a poca distancia entre sí: San Miguel de Allende y Guanajuato, ambas están llenas de arte, cultura, inmuebles legendarios, arquitectura impresionante y una vida cotidiana que entrelaza tradición, fiesta, relajación y contemplación; el centro histórico está tan bien conservado que sus calles se convierten en pequeños museos permanentes.

En el pueblo de San Miguel de Allende el arte,

las artesanías y el diseño nacen de la mezcla de gente de otros países, sobre todo texanos, que a lo largo del siglo XX se asentaron en este joya virreinal de pasado minero, contribuyendo al enaltecimiento de su belleza. Muchos de sus edificios han sido adaptados para convertirse en restaurantes, bares, hoteles, galerías, *boutiques*, tiendas y spas; la mayoría es una combinación de lo clásico y moderno.

La ciudad de Guanajuato se conserva como museo viviente. En el subsuelo hay calles subterráneas; en la superficie, las estudiantinas reviven leyendas y costumbres centenarias en sus calles y callejones, que año con año se renuevan con el Festival Internacional Cervantino y el Festival del Globo Aerostático, que atraen visitantes de todas las latitudes, para celebrar y admirar la arquitectura Colonial desde el cielo.

SAN MIGUEL DE ALLENDE

San Miguel de Allende fue registrado como el pueblo típico mexicano, un monumento nacional, un lugar mágico; por eso fue nombrado Patrimonio de la Humanidad. Por su geografía y el cariño que despierta esta localidad, es considerada por muchos, el Corazón de México.

Comienza el recorrido del pueblo en el centro del corazón: el Jardín Principal, donde lo primero que llamará tu atención es la parroquia de San Miguel Arcángel, la cual comenzó su construcción en el siglo XVII, con estilo barroco, y terminó con estilo neogótico, en el siglo XIX.

El origen de la ciudad se remonta a 1540, cuando el fraile franciscano, Juan de San Miguel encontró un manantial y fundó la localidad de San Miguel El Grande. En el siglo XX, una oleada de migrantes fundó el Instituto Allende, que opera hasta la fecha, albergando una escuela de arte que ofrece licenciatura en artes visuales, así como diversos talleres.

Además del Instituto Allende, en este pueblito de tradición artística podrás ir al centro cultural Ignacio Ramírez El Nigromante, donde además de tomar talleres, podrás ver varios murales de Siqueiros, Arnaldo Cohen y Pedro Martínez.

Los artistas tomaron la ciudad, la conservaron, adornaron y atrajeron a más visitantes. Su mezcla es el atractivo presente en todas las actividades; desde la obra expuesta, la personalidad de los hoteles, restaurantes, galerías y tiendas de diseño.

Si quieres adentrarte en el diseño local, puedes ir a la fábrica La Aurora, donde hay talleres de pintura, diseño y escultura; así como tiendas de joyas, antigüedades y muebles, también podrás descubrir la original propuesta culinaria que ofrece, hay verdaderas sorpresas gastronómicas; un recinto similar es Doce 18 Concept House.

Un lugar imprescindible de visitar es la esquina del Juguete Popular Mexicano, donde hay una colección de más de mil piezas artesanales y tradicionales; será un viaje en el espacio tiempo, dentro de San Miguel.

Después de viajar al pasado, podrás visitar el arte sacro del pueblo en sus templos: Parroquia de San Miguel Arcángel, Templo de la Inmaculado Concepción, actualmente convento, así como en sus múltiples iglesias; el Templo de Nuestra Señora de la Salud y el Templo de San Francisco; ambos de estilo churrigueresco, construidos en el siglo XVII. Por último, visita el Oratorio San Felipe Neri donde podrás contemplar una réplica de Santa Clara de Loreto.

El más exquisito de los templos es el santuario de Jesús Nazareno, al que se conoce como la Capilla Sixtina de México. Está inspirado en el Santo Sepulcro, ubicado en Jerusalén, y fungió como la casa de ejercicios espirituales de San Ignacio de Loyola. A lo largo del año, llegan diversas procesiones, y en Semana Santa se llena de peregrinos, coronas de espinas, flores y rezos.

El recorrido artístico de San Miguel se extiende hacia el Mercado de Artesanías y el Teatro Ángela Peralta, en noviembre sede del Festival Internacional de Jazz y Blues de San Miguel de Allende.

En San Miguel encontrarás una amplia variedad de restaurantes italianos, franceses, japoneses, comida cajún, comida regional; pueblo de reconocidos chefs, nacionales e internacionales. Además de la comida y el exquisito diseño de sus hoteles, bares, restaurantes en patios y terrazas, se relaciona de forma perfecta con lo Colonial, *trendy*, y artístico.

En los alrededores de San Miguel de Allende hay diversas actividades de aventura; una de las mejores es volar en globo al amanecer; luego puedes ir al Parque de Aventura San Miguel, donde hay tirolesas y puentes colgantes. Se pueden realizar paseos en cuatrimotos o caballos por ríos, cañones y montañas.

Después de cada recorrido recomiendo visitar las aguas termales, dentro y fuera de la ciudad, y terminar el día con un masaje o temazcal.

GUANAJUATO CIUDAD.

En cuanto llegues a Guanajuato, te darás cuenta de que es una ciudad inconfundible, pues seguramente lo harás por el subsuelo, aunque si lo haces por arriba, también quedarás maravillado. La ciudad tiene la red subterránea más grande del mundo: ocho kilómetros de pasadizos subterráneos, túneles, y calles profundas que, en cuanto veas, querrás caminar.

Los túneles están llenos de leyendas; para conocerlas, realiza un *tour* de leyendas que culmine en la Plaza de la Paz, donde la magia continua; frente a ti verás la monumental Basílica de Nuestra Señora de Guanajuato, con sus destellos color ocre, tanto de día como de noche; la virgen más antigua de América llegó a Guanajuato en el siglo XVI, como regalo de Felipe II a los mineros que enviaban riqueza a España. En la época Colonial, Guanajuato fue la segunda ciudad más rica del país; en sus construcciones, como el Teatro Juárez, verás los testimonios de esa época.

El teatro es una de las principales joyas de la ciudad y uno de los recintos culturales más importantes de México, ya que, desde hace cuarenta y ocho años, Guanajuato ha sido el lugar oficial del Festival Internacional Cervantino, cuya historia se remonta a la década de los sesenta, en el siglo XX, cuando Enrique Ruelas montó la obra de teatro *Los entremeses de Cervantes*. En 1972 se realizó un simposio Cervantino, dedicado al Quijote, así nació el primer evento que reunió espectáculos de catorce países.

El festival sucede en octubre; los teatros se llenan de amantes de la música, teatro, danza, ópera y artes visuales, así como de eventos académicos, en la universidad. Además, las calles atraen a miles de jóvenes a vivir una fiesta que no para de día ni de noche.

La Universidad de Guanajuato es un lugar que no puedes dejar de visitar. Al subir su escalinata, sentirás el orgullo de la construcción que tienes a un lado, la escuela más importante del estado. Al pasear por ella, podrás admirar sus trescientos años de historia; sus edificios más representativos son el Patio del Antiguo Colegio Jesuita de la Santísima Trinidad, la Biblioteca Armando Olivares Carrillo y la exhacienda Santuario Cultural de Mayorazgo.

El espíritu juvenil, académico e hispano de la ciudad, estará siempre presente durante el recorrido; para llevarlo al límite y conocer la ciudad a fondo, lo mejor será unirte a una callejoneada, pues recorren las calles, plazuelas y callejones más importantes de la ciudad, con una estudiantina que con mandolinas, salterios, castañuelas, laúd y guitarras celebran la cultura. La mejor hora es el atardecer y si te gusta el ambiente, puedes seguir hasta la madrugada.

Si quieres vivirlo de forma tranquila, puedes recorrer la ciudad solo; si vas con tu pareja indudablemente aconsejo ir al estrecho Callejón del Beso y, por la noche, visitar el Jardín de la Unión, para escuchar en su quiosco un grupo musical y cenar en un restaurante, al aire libre.

Durante tu visita a Guanajuato hay varias cosas que recomiendo hacer. Primero, ve a la Alhóndiga de Granaditas y contempla el tiempo pasar, y si tienes suerte, podrás ver un espectáculo. Segundo, ve al Museo de las Momias de Guanajuato, donde verás las momias de hombres y mujeres de hace dos siglos; muchas con expresiones dramáticas en el rostro. La tercera es ir al lugar de nacimiento del afamado muralista mexicano, Diego Rivera, en el que hay bocetos y pinturas de diversas épocas de su vida, exhibidos en la exposición permanente;, además de otras salas de exposiciones temporales. Otro recinto que debes visitar es el Museo Iconográfico del Quijote.

Tu recorrido por la ciudad puede terminar en el mirador El Pípila; puedes caminar para llegar, ir en autobús o subir al teleférico. Desde ahí, podrás contemplar la ciudad de forma panorámica, decidir dónde ir y qué caminos tomar.

Durante algunas noches, en la terraza del observatorio público de la Universidad de Guanajuato, se ofrecen recorridos por las estrellas; un astrónomo te contará historias de estrellas, galaxias y cuerpos celestes.

Otra forma de conocer el cielo de Guanajuato es en globo aerostático. Si te levantas a las 5:30 am puedes realizar el paseo; la experiencia comienza al observar cómo se infla tu transporte, abordarlo y empezar el ascenso. En noviembre, se celebra el Festival del Globo, donde más de doscientas esferas vuelan, en una danza de colores y formas.

No dejes de ir al parque ecológico Xumu, apostado en la Sierra de Santa Rosa. Si llegas por la mañana, lo verás emerger de la niebla; después, cuando el día empiece a despejarse, verás su inmensidad y podrás recorrerlo a pie, en bicicleta de montaña, a caballo o escalando. Puedes pernoctar en el parque, acampar o rentar una cabaña, y fundir tus ojos de naturaleza con la artística y colonial belleza que Guanajuato dejó en tu alma.

AGUASCALIENTES

La ciudad es cuna de la feria más antigua de México, la Feria de San Marcos. Comenzó en 1828, como exposición ganadera, a la que con los años se sumaron varios espectáculos: palenques, conciertos, juegos mecánicos, eventos deportivos y de danza.

Los lugares representativos de la feria son la isla San Marcos, creada para albergar parte de la fiesta, y el Jardín San Marcos; donde podrás relajarte por las tardes. La magia empieza al cruzar las puertas de cantera rosa, ver los jardines y las estatuas, y cuando la noche llega, las fuentes se iluminan.

En la Casa de las Artesanías Regionales podrás comprar cerámica, deshilados, juguetes, figuras de madera y cantera. Junto a la casa está el palenque; durante la feria es uno de los recintos más visitados, por su casino, peleas de gallos y conciertos.

El otro atractivo de la ciudad son los museos. El más conocido está dedicado a José Guadalupe Posada; alberga obra suya, así como de Manuel Manilla, José Fors, Rufino Tamayo y Mimo Paladino, entre otros; además de ser sede de la Bienal Internacional de Grabado y Estampa Guadalupe Posada.

Los recintos que no te puedes perder son el Museo de la Muerte y su colección de arte relacionado con las vicisitudes de la muerte, a lo largo de la historia de México; el Museo de Aguascalientes; el Museo Espacio, donde los antiguos talleres del ferrocarril conviven con obras de arte moderno, además de poseer las fuentes del parque Tres Centurias.

Y por último, el Museo Interactivo Descubre, dedicado a la astronomía y la robótica; construye una parte automotriz y aprende sobre el uso de energías renovables, tanto en su exposición permanente, como en las temporales.

El tercer atractivo está en los templos religiosos; el monumental, la Basílica de Nuestra Señora de la Asunción, tallado en cantera rosa; enfrente hay un monumento, Exedra, del águila devorando a la serpiente, y al otro lado está el Palacio de Gobierno, construido en 1650.

CALVILLO

El pueblo es conocido como "la capital mundial de la guayaba", tanto por su olor, como por su producción, pues hay una gran cantidad de dulces que se fabrican a partir de la guayaba: galletas, rollitos, pasteles, dulces con chile y cajeta de guayaba. No puedes dejar de dar un paseo por la fábrica y probar alguno de estos manjares.

En Calvillo puedes dar un recorrido por los pueblos mágicos de México, al visitar el Museo Nacional de Pueblos Mágicos, donde serás ilustrado acerca de los ciento veintiún pueblos que lo conforman.

Lo que hace turística a la región de Calvillo son sus presas y la principal es Malpaso. Aconsejo ampliamente realizar un recorrido en lancha por sus cañones, en los que te sentirás atrapado por la naturaleza. También puedes pescar, hacer ciclismo de montaña, acampar, pasear por sus puentes, dejarte hipnotizar por el sonido, la brisa y un paisaje integrado por colosales caídas de agua.

Cerca hay parques acuáticos y maravillosos lugares naturales, las Cascadas de los Huenchos y Cerro Blanco, donde puedes nadar en pozas de agua natural.

SAN JOSÉ DE GRACIA

Pueblo famoso por su Cristo roto; una enorme y expresiva escultura de bronce que, suspendida en las alturas, atrae a devotos y curiosos, en la Sierra Fría de Aguascalientes. Está rodeado de bellezas naturales e interacción ecoturística; el más conocido es Parque Boca de Túnel, donde se puede hacer *rappel*, escalar, senderismo y ciclismo de montaña, con el cañón y la presa siempre al lado; también está la óptica de las alturas, puedes hacer el circuito aéreo, puentes colgantes, cuerdas con gancho y tirolesas.

En el parque hay recorridos en lancha, guías de excursión y cabañas para quedarse; en la noches conocerás el cielo estrellado en su máxima expresión, pues prácticamente no hay luz artificial.

El otro parque que te recomiendo es el interpretativo Campamento Alamitos, lugar en el que puedes realizar caminatas inolvidables, debido a la diversidad de su flora, dar largos paseos a caballo o en bicicleta, sin ver civilización alguna; además puedes acampar y pasar la noche, igualmente rodeado por un cúmulo sublime de estrellas.

ZACATECAS

Zacatecas es la ciudad Colonial más importante de México; rodeada por calles adoquinadas, fue nombrada en 2021 Capital Americana de la Cultura; las razones de tan alto distintivo serán develadas al llegar a la ciudad; la perfección de la simetría arquitectónica y la iluminación, aunadas a los museos que alberga, dejarán tu espíritu satisfecho.

El principal museo está dedicado a Pedro Coronel; además tiene obra de Picasso, Dalí, Miró y Kandinski; colección por la cual está considerado uno de los más importantes recintos de América Latina. También vale la pena visitar el Museo Francisco Goitia y el Museo de Arte Abstracto y Digital.

La historia de la fundación y desarrollo de Zacatecas se puede conocer en el Museo Zacatecano, donde quedarás atónito ante la recepción del mural huichol, conformado por ciento cincuenta piezas bordadas, unidas para la representación de la cosmogonía huichol; además de los Murales de Chaquira, imágenes del mundo huichol, de 1895 al 2000.

El arte zacatecano no se focaliza únicamente en la pintura, sino que abraza e integra a las demás artes, como la poesía; para aprender sobre esta bella arte, visita el Museo Interactivo Ramón López Velarde donde, por medio de olores, videos y sonorizaciones te sumergirás en las atmósferas del poeta.

Además, hay otros dos museos interactivos, el Museo de las Migraciones, que explora el fenómeno de forma interactiva y desde muchos puntos de vista; y el innovador museo Centro Interactivo Zigzag, que explora la energía, el movimiento, las ondas y los fluidos de forma novedosa.

El amor a la cultura y los museos de Zacatecas promovió la transformación de una zona arqueológica en un Museo de Arqueología Sideral, para lo cual se instalaron una serie de telescopios en la Quemada, en la amplia plaza del juego de pelota y la pirámide prehispánica, para mostrar el universo por medio de una exposición astrológica.

Durante siglos, la principal actividad del pueblo fue la minería, y para aprender sobre la vida subyacente está Mina el Edén. Durante el recorrido de túneles aprenderás cómo eran las tribulaciones de aquellos dedicados a la actividad minera; pasearás en un carrito minero, te ilustrarás sobre las rocas y minerales en el museo; y por la noche podrás ir a la discoteca, en medio de la mina.

La ciudad es un museo a cielo abierto, desde la monumental Catedral Zacatecana, con los cuatro apóstoles que cuidan la ciudad, enmarcados barrocamente en cantera, hasta el Palacio de Gobierno; la mejor forma de disfrutar y conocer el centro y sus calles coloniales es hacer una callejoneada.

El recorrido se hace acompañado de tambora, que toca estrepitosamente música regional y hace paradas para que la gente cante y baile; se le proporciona un jarrito de barro lleno de mezcal para amenizar el recorrido, acompañado por un burro que carga garrafas de mezcal; en ocasiones, se integra a la comitiva un cohetero que arroja lo suyo durante una o más horas.

Al otro día puedes explorar los alrededores; te recomiendo ver la ciudad desde lo alto, en el Cerro de la Bufa; puedes subirte al teleférico y bajar en una tirolesa de ochocientos cuarenta metros, en dos tramos de cuatrocientos metros.

RECOMENDACIONES

La distancia entre destinos es de dos horas, si te saltas alguno, tal vez tengas que manejar cuatro o cinco horas.

La mejor forma de realizar este recorrido es en coche.

Esta ruta puedes combinarla con **Guadalajara** o **Huasteca potosina**.

12 QUERÉTARO

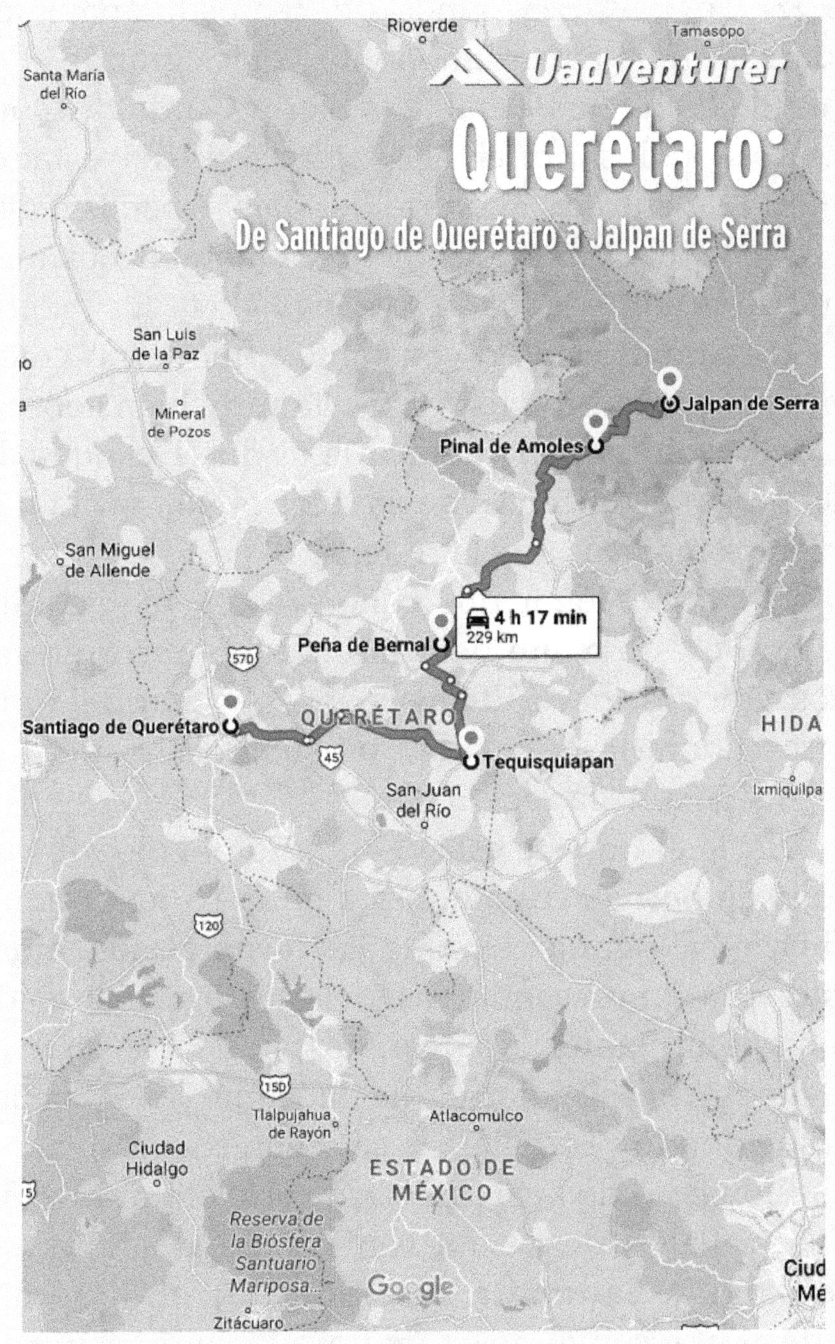
Uadventurer
Querétaro:
De Santiago de Querétaro a Jalpan de Serra
Rioverde
Tamasopo
Santa María del Río
San Luis de la Paz
Mineral de Pozos
Jalpan de Serra
Pinal de Amoles
San Miguel de Allende
570
Peña de Bernal
4 h 17 min
229 km
QUERÉTARO
HIDA
Santiago de Querétaro
45
Tequisquiapan
San Juan del Río
Ixmiquilpa
120
150
Tlalpujahua de Rayón
Atlacomulco
Ciudad Hidalgo
ESTADO DE MÉXICO
Ciud
Mé
Reserva de la Biósfera Santuario Mariposa...
Google
Zitácuaro

LOS QUESOS y vinos de Tequisquiapan, los cuarzos del tercer monolito más grande del mundo, Peña de Bernal, y la Sierra Gorda de Querétaro son los principales atractivos del estado, puerta de entrada al Norte del país. Apenas a dos horas de la Ciudad de México, Querétaro es más que un destino de fin de semana.

La ciudad está en constante y moderno crecimiento, su Centro Histórico está muy bien conservado y vale la pena dedicarle el día. Después de descubrir el encanto de la metrópoli, visita los pueblos mágicos que la rodean.

El primer lugar que conocerás es Tequisquiapan; si eres amante del vino, podrás recorrer varios viñedos, hacer degustaciones y maridajes, te sorprenderá la diversidad de sus quesos, una de las insignia de la región.

Hacia el noreste está el antiguo pueblo minero Peña de Bernal, cuyo nombre refiere a una homónima roca gigante. Una de las formaciones minerales más representativas de este lugar son los cuarzos brillantes, que conquistarán tu vista y te invitarán a ascender hasta la cima de la peña, desde donde verás el valle semidesértico.

En medio de la Sierra Gorda está el mirador de Cuatro Palos, desde ahí verás cómo la escasa vegetación de la tundra desértica cambia de forma radical y se convierte en un bosque verde, lleno de agua. Cuando percibas la transformación y te sientas rodeado por la exuberancia, sabrás que has llegado a la Sierra Gorda.

Una vez ahí, podrás disfrutar sus cañones, ríos, cascadas y pozas, cruzar el Puente de Dios, y escuchar la cascada Chuveje; finalmente llegarás al pueblo de Jalpan, donde descubrirás sus misiones emblemáticas.

Este viaje se puede realizar en tres o cinco días, dependiendo de la cantidad de vino que tomes y el tiempo que desees dedicarle al ecoturismo de la Sierra Gorda.

QUERÉTARO

Querétaro es la ciudad con el mayor crecimiento industrial en los últimos años; crece y crece, día a día; sin mancillar la identidad de su pasado, íntimamente relacionado con la independencia de México. La arquitectura, los museos y los templos religiosos son sus principales atractivos.

Las iglesias combinan arquitectura e historia; entre las más representativas está el Templo y Convento de la Santa Cruz, que data de mediados del siglo XVI, y que en el siglo XVIII sirvió como refugio al emperador Maximiliano. El inmueble hoy es un seminario, que aún conserva en su patio un árbol con espinas, en forma de cruz. Otros templos que aconsejo visitar son el de Santa Rosa de Viterbo, por sus esculturas de madera de la *Última Cena,* en tamaño real; el Templo de Say y la Catedral de Querétaro.

Un recinto extravagante que te aconsejo conocer es el Museo del Calendario; empieza con el Calendario Azteca y recorre el tiempo a través de los calendarios provenientes de México; además del Museo de Arte de Querétaro, donde el arte barroco está fielmente representado en la construcción, estatuas, gárgolas y ángeles; además de contar con exposiciones de pintura manierista, barroca y pintura europea. También visita el Museo de Arte Moderno y el Museo Regional de Querétaro, donde podrás conocer la historia del Estado.

Querétaro está lleno de historias y cuentos; además de museos, en las noches hay recorridos por la alameda y el centro histórico, donde se narran las leyendas de la ciudad; se realizan de noche y al finalizar se puede continuar la velada en alguno de los bares y restaurantes que abundan en esta capital.

TEQUISQUIAPAN

Pueblo Colonial de fama nacional por sus balnearios familiares y pequeños hoteles con alberca y jardines cuidados, como el Parque La Pila, hogar de grandes ahuehuetes y sabinos.

Además de la vida relajada de los jardines y albercas, Tequisquiapan es célebre por sus vinos y quesos, incluso cuenta con un museo al respecto. Anualmente se celebra una fiesta de queso y vino, combinación que podrás probar en cualquiera de sus restaurantes. Si quieres ir más allá, visita los viñedos de la región, la mayoría ofrece catas, maridaje y paseos.

Si eres amante del vino, no puedes perderte los viñedos Freixenet, donde podrás catar y pasear en carreta o tranvía por las cavas, con un *sommelier* como guía. Otro viñedo que aconsejo visitar es La Redonda, fundado por un vitivinicultor italiano; ahí ofrecen la experiencia gourmet de combinar vinos, probar carnes frías… e incluso crear tu propio vino y embotellarlo, con tu nombre en la etiqueta.

Anímate a recorrer los Viñedos Azteca y quédate a comer en su restaurante, maridando vinos o fiel al espíritu *gourmand*, a beber en medio de los jardines, antes o después de conocer el viñedo a pie, en bicicleta o tren. Si buscas algo más relajado, visita el Viñedo San Juanito, donde el vino se marina con pizza. Con el apetito saciado, termina el día en la Hacienda Atongo, que tiene su propio manantial.

Si lo que te interesa es el queso, puedes ir a la Hacienda Flor de Alfalfa y ver cómo lo producen, así como yogurt y dulces de leche; también en el Rancho Santa Marina puedes observar el proceso de fabricación del queso de oveja y el vino.

PEÑA DE BERNAL

Al ver por primera vez la piedra gigantesca que asoma desde el suelo, sabrás que la tienes que subir. Es el monolito más grande del mundo y evidentemente domina la región; prepárate para ascenderlo y llegar a la cúspide, está realmente cerca.

En una hora, u hora y media, llegarás a la cima; tu recompensa será física y espiritual, con el cuerpo agradecido por el ejercicio, tu alma se llenará con la increíble vista del valle. Si quieres ir más arriba, puedes ascender a través de una línea de rappel.

Después de contemplar la vista desde las alturas, baja para descubrir un pequeño poblado que se extiende en las faldas, donde podrás ver obsidianas, cuarzos de colores, rosas de desierto, ámbar y otras brillantes y extrañas piedras. Cuando estés satisfecho de la magia de los cristales, visita el Museo del Dulce para pasar la tarde y cena en algún restaurante, mientras contemplas la fuente central y su chorros de colores danzantes.

PINAL DE AMOLES

Antes de meterte de lleno en la Sierra Gorda visita la localidad de Pinal de Amoles. Cuando llegues a Cuatro Palos, ve directo al mirador, desde donde verás como la tundra desértica y el bosque templado se unen.

En el pueblo hay diversos restaurantes con una propuesta local que presume la gastronomía de la región; a lo largo de la experiencia *gourmet* encontrarás hoteles ecoturísticos y un campamento con guías. Durante el invierno, la neblina toma la zona y se forma un fenómeno que los locales llaman *mar de niebla*; gracias al cual se puede ver, de forma intermitente, como si amaneciera una y otra vez.

El siguiente sitio será Puente de Dios, que fluye por el río Escanela, combinando colores que van del turquesa al verde esmeralda. Para llegar al puente pasarás por ríos y pozas de agua natural; al final del recorrido, llegarás a la caverna de donde nace la magia de este destino.

Después de Puente de Dios, dirígete a la cascada El Chuveje; a lo largo del camino verás pequeñas caídas de agua, provenientes de varias terrazas que forman pozas de agua cristalina. Al ascender a su vera llegarás a la cascada, la caída es de casi treinta metros de agua.

JALPAN

La evangelización de México duró mucho más tiempo que la Conquista y sus vestigios están presentes a lo largo y ancho del país; como prueba bastan los cientos de catedrales, templos, conventos y Misiones que hay en Querétaro. como la de Santiago Apóstol, que exhibe elementos barrocos, pues en la parte superior del dintel principal tiene una cruz en la que los brazos de un fraile y un nativo se unen; símbolos dispersos por el inmueble y el resto de las misiones que conforman la ruta.

Si quieres aprender de la región y su historia debes visitar el Museo Histórico de la Sierra Gorda donde podrás conocer acerca de las fachadas de las cinco misiones: Jalpan, Arroyo Seco, Tlacoyol, Tilaco y Santa María del agua Blanda; muestrario que, en caso de que no tuvieras tiempo y te vieras obligado a elegir, podría ayudar a decidir.

Al final, podrás pasar un día en la Presa de Jalpan, en medio de la naturaleza, rodeado de montañas; si lo deseas, puedes nadar o remar en la presa o andar en su ciclovía, para ver el atardecer reflejarse en la sierra y el agua.

RECOMENDACIONES

La Sierra Gorda está llena de naturaleza húmeda, lleva ropa adecuada para caminar en bosque mojado y meterte a las cascadas.

Las caminatas pueden ser largas, antes de hacerlas, pregunta siempre la distancia, la inclinación y qué tan pesada es la ruta.

Esta ruta puedes combinarla con **Las 4 rutas del Centro de México**, la **Huasteca potosina** y/ o con la que recorre **Guanajuato, Aguascalientes y Zacatecas**.

13. GUERRERO

Uadventurer
Costa de Guerrero:
De Acapulco de Juárez a Barra de Tecoanapa
3 h 23 min
169 km
Acapulco de Juárez
Ciudad San Agustín
Puerto del Marqués
San Marcos
Cruz Grande
San Antonio
Copala
PLAYA VENTURA
Marquelia
Barra de Tecoanapa
Barra Vieja
Ayutla de los Libres
San Luis Acatlán
Azoyú
Chilpancingo de los Bravo
Jaleaca
Xaltianguis
Tierra Colorada
Ocotito
Zumpango del Río
Corral de Piedra
La Cañita
Xochipala
La Esperanza
Chilapa de Alvarez
Ayahualtempa
Zontecomapa
Barranca Pobre
Mixtecapa
Cuatzoquitengo
Tlapa
Tototepec
Olinalá
Huamuxtitlán

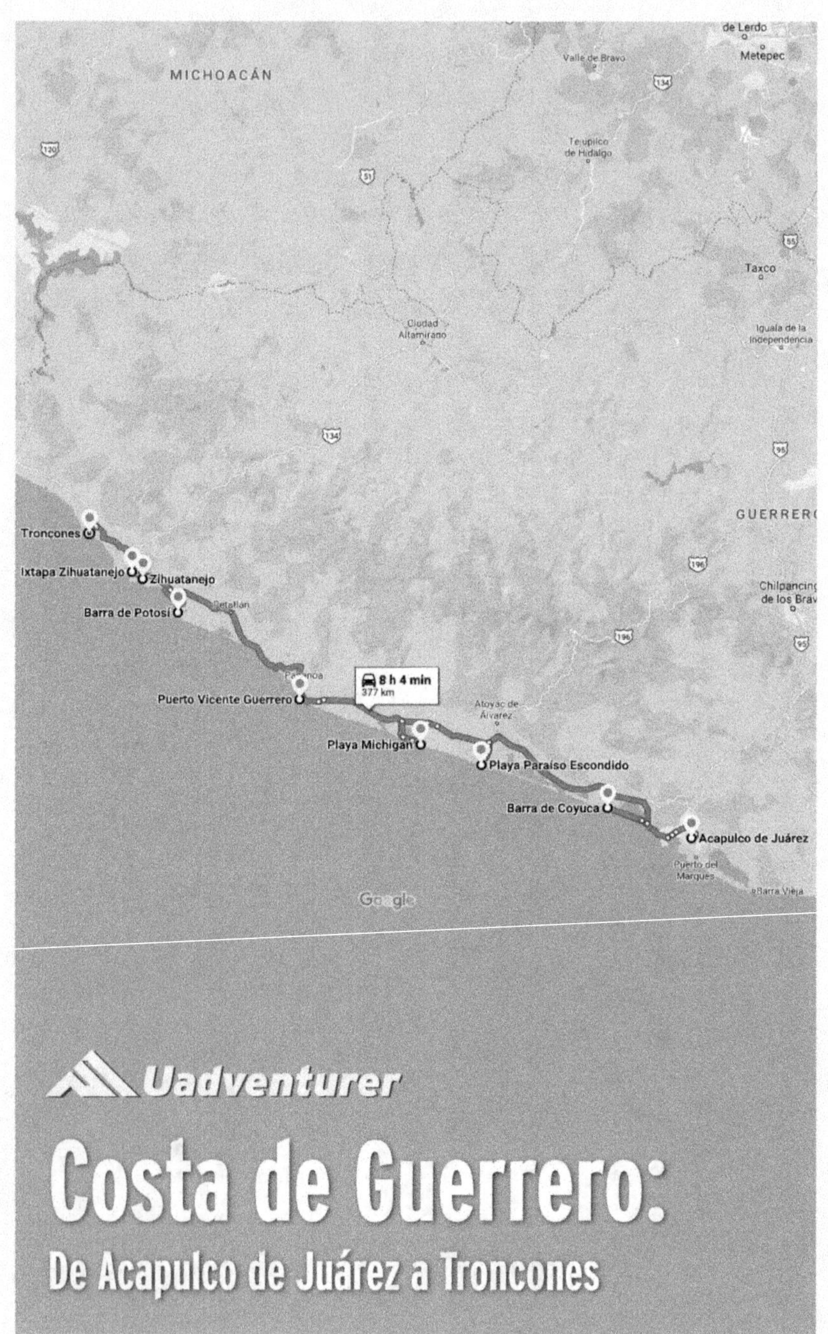

Uadventurer

Costa de Guerrero:
De Acapulco de Juárez a Troncones

LA COSTA guerrerense es de las más visitadas en México, y paradójicamente menos desarrolladas, con excepción de Acapulco. Los destinos más conocidos son Acapulco, Ixtapa y Zihuatanejo, con decenas de actividades, hoteles, discotecas, restaurantes y playas con todos los servicios, durante los trescientos sesenta y cinco días del año. En las fiestas decembrinas y Semana Santa, las playas de Guerrero llegan a ocupación completa.

La costa guerrerense está dividida en dos: la grande y la chica. La Costa Chica va hacia el Sur y colinda con Oaxaca; la Costa Grande va hacia el Norte, y llega hasta la frontera con Michoacán. En ambas podrás disfrutar la belleza natural del Océano Pacífico, que promovió el desarrollo turístico.

Para recorrer la Costa Chica, lo mejor será que empieces en Copala, donde abunda el aromático copal, incienso primordial de los ritos mexicanos ancestrales; en su playa, Casa de Piedra, admirarás los caprichosos peñascos y las sinuosas cuevas, mientras que en las tranquilas playas de Ventura y Marquelia te relajarás y comerás delicioso, para luego descansar en una larga y poco visitada playa, al final de Barra de Tecoanapa, donde confluyen cuatro ríos, sede de un santuario de aves migratorias, con flamencos rosas y garzas blancas. Un fin de semana basta para disfrutar estas playas guerrerenses.

La Costa Grande tiene más opciones, conforme te alejas de Acapulco y te acercas a Barra de Coyuca y Pie de la Cuesta, la infraestructura turística desaparece, junto con el cemento, las luces y el ruido, y en su lugar aparecen playas vírgenes, totalmente hippies y ecoturísticas, como Playa Paraíso, Michigan y la Isla de Pájaros. Para llegar, debes cruzar una laguna, y luego estarás solo con la laguna, el mar, las aves y tu casa de campaña bajo una palapa.

Después, conforme te acerques a Ixtapa, resurgirá la civilización lentamente. Al llegar a Barra de Potosí, verás algunos hoteles de bajo costo, y otros *boutique*, justo al pie de Playa Larga. Adelante está Zihuatanejo, mitad turístico, mitad pueblo con puerto pesquero, playas para esnórquel y vida familiar.

Zihuatanejo es el pueblo aledaño al gran desarrollo turístico de Ixtapa, donde a lo largo de la playa El Palmar, encontrarás una variedad de *resorts* todo incluido, con muchos restaurantes y albercas; justo enfrente está la Isla Ixtapa, donde podrás esnorkelear en arrecifes de coral.

Al final de la costa está playa Troncones, un sumario de lo que hay entre Acapulco e Ixtapa;

hay muchos hoteles pequeños y el lugar está lleno de actividades ecoturísticas, como kayak, bicicleta de montaña, paseo a caballo, surf y caminatas por la Sierra Madre Baja.

Esta ruta comienza en Acapulco o en Ixtapa; se siente como cuando no había territorio alguno hollado por el pie humano, y al final, al regresar a la civilización, se hace el justo balance positivo. La puedes hacer en una semana, dedicándole un día a ir de Acapulco a Ixtapa, o viceversa, y durmiendo una o dos noches en Playa Michigan o Paraíso Escondido.

Si no te gustan los resorts evita Acapulco, Ixtapa y Zihuatanejo; vivirás un recorrido ecológico, lleno de fresca comida, naturaleza y precios accesibles. Al contrario, si quieres disfrutar los grandes centros turísticos, tu destino es Acapulco; puedes disfrutar de su bahía unos días y terminar tu viaje en Ixtapa. Fiesta, descanso, deportes y playa son las cuatro grandes actividades de Acapulco, y dependiendo de tus intereses puedes tomar este destino para cualquiera de ellas o conjugarlas en un mismo día, hacer deporte en la mañana, descansar en un *resort* o en la playa y salir de fiesta en la noche.

ACAPULCO

Acapulco fue, sin duda, uno de las playas más famosas del siglo pasado, y aún es la playa más concurrida por los habitantes de la Ciudad de México y sus alrededores, una playa de fin de semana, a sólo cinco horas de la ciudad.

La bahía está en constante desarrollo y la avenida La Costera la atraviesa por completo; formada por las playas Tlacopanocha, de apenas cien metros, ideal para niños y personas mayores; playa Tamarindos, famosa por la incesante actividad culinaria; playa Hornos y Hornitos, playa Condesa, Caleta y Caletilla, playa Langosta, playa Icacos, Revolcadero y Playa Diamante.

Hacia el norte, La Costera se convierte en carretera escénica; al cruzar una pequeña montaña se llega a Puerto Marqués (una pequeña bahía con algunos restaurantes) que cobija las playas Puerto Marqués y Majahua.

Si sigues por la avenida llegarás a Acapulco Diamante, la zona más exclusiva del puerto, como lo evidencian sus grandes *resorts*, amenidades de hoteles lujosos y playas semiprivadas.

Los deportes acuáticos más practicados son el esquí y el velero, tan recurrentes como el parapente y el paracaídas, y otros de playa como la natación, *paddle surf, Jet Ski, windsurf, kitesurf y skimboard.*

La pesca es una actividad popular en el puerto; entre las especies que se pueden pescar están el Marlín, el Pez Vela Sierra y el dorado, entre otros. Para quienes prefieren la contemplación de la vida marina, Acapulco tiene treinta lugares para bucear y esnorkelear; además de barcos hundidos, cavernas con rayas águila dentro de cuevas, arrecifes artificiales y montañas submarinas; en la superficie marina, hay centros de nado con delfines.

El cielo de Acapulco también cuenta con actividades, como la larga tirolesa, de casi dos kilómetros, que se recorre en dos minutos, a una velocidad de ciento cuarenta kilómetros por hora; dar un salto de más de veinte metros en caída libre; pero si quieres ir más allá, puedes hacer *skydiving*, caer cuarenta y cinco segundos de forma libre, a una altitud de más de tres mil metros.

Para quienes gustan del golf existen varios campos, como el Turtle Dunes, el Vidanta y el Club de Golf Acapulco. El puerto es sede del Abierto Mexicano de Tenis, torneo oficial de la ATP que se lleva a cabo anualmente en Punta Diamante.

Hay cientos de restaurantes, para cualquier

gusto y presupuesto, dentro de la región, incluidos los de algunos de los *resorts*. Al atardecer se puede navegar en embarcaciones que circundan la bahía.

Una atracción centenaria del malecón son los clavadistas de La Quebrada, que saltan al mar, entre peñascos, a más de veinte metros de altura, si es de noche con antorchas en las manos. La complejidad del salto está en la altura y el cálculo del momento en el que el mar trae una ola, para no chocar con las visibles y puntiagudas rocas que están en el fondo.

Cuando el sol cae y las antorchas del salto de La Quebrada se extinguen, a lo largo de la costa se enciende una vibrante escena de bares y antros de distintos tipos, tamaños y presupuestos.

RUTA 1: COSTA CHICA

En el sur de Acapulco está la poco explorada Costa Chica de Guerrero, cuya infraestructura es menos sofisticada. Son destinos más económicos; los hoteles son pequeños, hay bungalós y zonas para acampar que replantean la idea del lujo; ahí el lujo está en el contacto con la naturaleza.

COPALA

El destino más famoso es Copala, que debe su nombre a la enorme cantidad de copal que hay en la región. Es común ver a los aromáticos árboles cerca de la playa, en las rocas. La región es célebre por el cuidado que prodigan a las tortugas; pues a este lugar llegan, anualmente, miles de tortugas a desovar, y se encargan de cuidarlas hasta que puedan ver la luz e inicien su procesión de regreso al mar.

PLAYA VENTURA

Playa Ventura es una larga hilera de restaurantes y uno que otro hotel. De un lado está el agua salada y del otro la laguna Ventura, con más de nueve kilómetros de longitud, que la vuelven ideal para navegar en kayak por sus canales. En temporada de lluvias, la laguna se une con el mar.

El lugar está rodeado de playas vírgenes, por las que se puede caminar por horas, también se puede ir a la laguna y regresar a la playa del pueblo en la noche, para ver la vía láctea en su máxima expresión, al calor de una fogata, con el estruendo de las rolas como fondo.

Una maravilla de los pueblos pesqueros es su

comida; entre los pescados más pedidos de la región están el mero, las cabrillas y los barriletes cocinados a la talla, adobo típico de la región, que se cocina a las brasas; otros platillos típicos son los camarones a la diabla, al ajillo, la pasta ventura con camarones, los ostiones frescos, langostas al ajillo, mantequilla o al carbón y pulpo en su tinta o a la mexicana, entre otras delicias.

CASA DE PIEDRA

Al sur de Playa Ventura está la playa Casa de Piedra; su nombre proviene de las diversas formaciones que la roca de una pequeña cueva, tallada por el mar, ha tomado. El oleaje de la región es tranquilo, por lo que resulta ideal para niños o para nado de fondo.

MARQUELIA

Adelante está el pueblo de Marquelia, que ostenta mayor desarrollo, con el respeto de las playas vírgenes, arroyos, lagunas y cascadas. Las playas más bellas y menos conocidas son Bocana y Las Peñitas, en las que una docena de restaurantes ocupan la playa; ahí podrás disfrutar de la pesca del día, acompañado por cientos de aves.

BARRA DE TECOANAPA

Al final de la Costa Chica está Barra de Tecoanapa, donde confluyen cuatro ríos y llega una enorme variedad de aves migratorias, flamencos, garzas, el pato canadiense y cigüeñas. A este lugar se le conoce como el Santuario de las Garzas Blancas; para llegar es necesario ir acompañado por un guía de la zona.

El mayor atractivo de las playas es su comida, seguido de la tranquilidad y la convivencia con la naturaleza, los pescadores y la pacífica cotidianidad playera.

RUTA 2: COSTA GRANDE

En sentido contrario, la costa de Guerrero tiene pequeñas playas que vale la pena recorrer en algunas horas; aunque también las puedes disfrutar plácidamente y quedarte a dormir en una hamaca, casa de campaña u hotel rústico.

Algo único de la zona son sus atardeceres, los cuales son más impresionantes cuando no hay nubes, que es la mayor parte del año. Aquí se logran ver las tonalidades del amarillo hasta el azul, pasando por la gama de naranjas, morados, rosas... animada paleta de colores que se mueve a lo largo de la tarde y se convierte en la noche llena de estrellas o en la luna blanca, cuya sombra tiende un camino de luz hasta la playa.

PIE DE LA CUESTA

La primera playa hacia el norte, al salir de Acapulco, es Pie de la Cuesta. A lo largo del camino verás cómo los *resorts*, hoteles y edificios empiezan a desaparecer. Poco a poco, los pueblos pesqueros reclaman su dominio; así, en un santiamén, llegarás a Pie de la Cuesta, con hoteles *boutique* y restaurantes sobre la playa; para pasar la noche se puede rentar un cuarto, acampar o rentar hamaca.

Unos kilómetros adelante encontrarás la laguna de Coyuca de Benítez y podrás recorrer sus diecisiete kilómetros de longitud en lancha. Durante el paseo, verás garzas blancas y negras, pelícanos, patos buzos, cigüeñas, gaviotas y otras aves tropicales; además de tres islas: Presidio, Pájaros y Montoya; si quieres atravesar la laguna en kayak te llevará mucho más tiempo, pero si te gusta el kayak no te lo puedes perder. El mejor lugar para tomar la lancha es el Faro.

Conforme te retires de Pie de la Cuesta, la civilización irá mermando; las playas serán más vírgenes y los precios de las habitaciones y la comida serán más baratos. Tanto la playa como la laguna están a menos de una hora de Acapulco; así que puedes ir y volver el mismo día; pero si te quieres aventurar hacia Ixtapa y Zihuatanejo, en el camino hay experiencia ecoturísticas, en la Costa Grande de Guerrero

PLAYA PARAÍSO ESCONDIDO Y MICHIGAN

Paraíso Escondido hace gala de su nombre: es una pequeña playa con una docena de enramadas, en las cuales puedes acampar o rentar hamaca. Para conocerla, primero hay que llegar al pequeño pueblo Hacienda de Cabañas, donde puedes tomar la lancha para llegar al paraíso.

Las comida que ofrecen los restaurantes proviene de pescadores locales; prueba el famoso pescado a la talla de la región y realiza la digestión con una caminata junto al mar. Quédate a dormir, para ver un cielo completamente estrellado, y prende una fogata mientras admiras, entre las llamas, las olas que rompen en la playa virgen.

Aún menos conocida que Paraíso Escondido es Michigan, también conocida como Isla de Pájaros. Para llegar a este rincón ecoturístico debes ir al pueblo de Nexpa, y de ahí dirigirte a Tenexpa, donde tomarás la lancha que cruza la laguna y te dejará en playa Michigan.

Al pisar la arena del lugar, te transmitirá la sensación de que has dejado atrás la civilización, y al alzar los ojos se te llenarán de enramadas y playa. Puedes acampar y disfrutar de los distintos espectáculos naturales que ofrece el paisaje playero, caminar hacia la entrada de la laguna, nadar en agua dulce y luego en salada, acompañado de decenas, y a veces cientos de aves.

Al atardecer, se juntan las parvadas de aves de agua dulce con las de agua salada, pelícanos, codornices, gaviotas, garzas y tecolotes a dar vueltas por las palmeras, playa, laguna y manglares. La cantidad de aves en medio de las que te encontrarás es única. La laguna está junto a la playa y en algunos momentos del año se vuelve un estero que junta las aguas.

La playa es interminable, puedes caminar durante dos horas sin ver a nadie; sólo toma en cuenta que el calor es sofocante, y cómo es una playa virgen, no hay lugares para guarecerse del sol. En las enramadas se puede acampar y rentar una hamaca; es indispensable llevar repelente, pues hay bastantes mosquitos y pulgas de arena. El lugar es frecuentado por jóvenes que acampan y hacen grandes fiestas en la noche.

BARRA DE POTOSÍ Y ZIHUATANEJO

Antes de llegar a Zihuatanejo está Barra de Potosí, último punto ecoturístico entre Acapulco y Zihuatanejo. La barra cuenta con pocos hoteles y unas cuantas enramadas en las que se puede saborear pescado y marisco realmente fresco, a precios accesibles.

La mayor atracción de la barra es Playa Larga, con una extensión de más de quince kilómetros, termina donde comienza el pueblo de Zihuatanejo. Playa Blanca es más pequeña; y finalmente la Laguna de Potosí, donde se pueden rentar kayaks y hacer paseos por la laguna.

Barra de Potosí es ideal para aquellos que van a Ixtapa o Zihuatanejo y quieren pasar unos días alejados de la civilización, los *resorts* y los precios excesivos.

Lo que hizo famoso a Zihuatanejo es su naturaleza, sus playas y su pintoresca combinación de pueblo turístico con pueblo pesquero; y claro está, el *boom* de su pueblo gemelo, Ixtapa. Es común que se diga voy a Ixtapa–Zihuatanejo, aunque cada destino tiene una particularidad que lo distingue claramente del otro.

Zihuatanejo es la corona de la Costa Grande de Guerrero, guarda un poco del sabor de la costa y lo combina con una gran oferta turística, pues sus playas cuentan con servicios de alta calidad; además de que la oferta hotelera es acogedora.

La principal actividad de este puerto es la pesca, el esnórquel y el descanso en la playa. Las mejores son playa Madera, la cual es la mejor playa que encontrarás para nadar; luego, hacia el sur esta playa La Ropa, mucho más grande y con más servicios, hoteles y *resorts*.

La última playa de la bahía es Las Gatas y su principal atracción es el descanso; sin embargo, se puede esnórquel, kayak, incluso hacer *trekking* en los alrededores. Para llegar a esta playa se tiene que tomar una pequeña embarcación en el muelle principal. Si buscas una playa ideal para esnorkelear ve a playa Manzanillo; si vas al atardecer, no dejes de caminar por la playa Larga que une Zihuatanejo con Barra de Potosí.

Otra actividad por la que el puerto destaca es la pesca, mucho más accesible y diversa que en Acapulco: los servicios, equipos y embarcaciones con los que cuenta son únicos en la Costa Grande; ahí puedes ir en la búsqueda de mahi mahi, marlín, macarela y el gran pez gallo.

Si no quieres pescar, pero sí comer pescado fresco, además de la amplia variedad de restaurantes, puedes comprar pescado en el Paseo del

Pescador, o ir al mercado y cocinarte un festín a bajo precio, ¡y qué mejor que ir a la Escuela de Cocina Patio Mexica y aprender a cocinar comida regional!

IXTAPA

La diferencia entre Ixtapa y el resto de las playas y pueblos de Guerrero está en la infraestructura; desarrollo que proviene de un proyecto turístico del estado. Ixtapa está compuesto de hoteles y *resorts* todo incluido, donde las familias con niños pueden pasar un tiempo con la rara experiencia del descanso.

La geografía del lugar posee una playa de tres kilómetros de longitud; mientras caminas por Playa el Palmar, verás hoteles del lado derecho y del lado izquierdo, el vaivén del mar, que al atardecer adquiere la viveza única de la costa guerrerense.

Las actividades afuera de los hoteles se realizan en la playa, como *parasailing* y *Jet Ski*, así como otras actividades acuáticas. Existen lugares hermosos para bucear, sin duda es uno de los mejores lugares del Pacífico para hacerlo. Durante todo el año se pueden ver diversos tipos de tiburones: arrecife, toro martillo y leopardo; según la temporada, las condiciones y la época, las manta-rrayas acuden a los sitios de buceo, y en los primeros meses del año, es posible observar ballenas grises, jorobadas y azules.

Una de las principales atracciones es Isla Ixtapa; para llegar debes tomar una lancha en Playa Palmar; una vez en tu destino, te fascinará el mar calmo y la fina arena; te sentirás conectado con el paisaje, un respiro de la vida agitada. La isla tiene tres playas; en Varadero podrás practicar deportes acuáticos, en Cuachalalate todo será descanso y en la Isla Coral podrás esnorkelear en jardines coralinos acuáticos.

Si quieres continuar con la aventura en conjunción con la naturaleza, puedes ir al parque ecoturístico, Parque Aventura Ixtapa, donde hay tirolesas y puentes colgantes, agarrar una bicicleta y recorrer la ciclovía de quince kilómetros, que pasa por varios esteros, llenos de pericos, cardenales, garzas y otros animales, como armadillos y tlacoaches.

TRONCONES

El último destino de la ruta es Troncones, que mezcla de forma especial los grandes atractivos de la Costa Grande: naturaleza, peñascos, mar, flora y fauna, que dan vida a playas solitarias, con hoteles pequeños donde te sentirás muy cómodo.

La actividad hotelera es amplia; no son grandes *resorts*, pero sí hoteles con encanto que están cerca del mar. También aquí se puede disfrutar de los frutos del mar, cocinados al sazón de la playa, en la enramada o en un horno de leña.

La aventura también tiene su lugar en este sitio, pues hay recorridos de bicicleta de montaña, se puede hacer kayak en el estuario, nadar y caminar junto al río, hacer esnórquel en Manzanillo, visitar cavernas, montar a caballo, pescar peces vela, gallo o dorado.

Troncones sintetiza lo mejor del estado, en cuanto a turismo refiérase; una de las playas más salvajes de México, donde la naturaleza se vive y se contempla a flor de piel. Sus supremos atardeceres y sus altas olas se llevarán cualquier mal y estrés que esté presente en tu existencia.

RECOMENDACIONES

Tanto la Costa Chica como la Costa Grande, así como Troncones, suelen ser solitarias; así que lo más prudente es que sólo visites los destinos indicados de día y siempre pregúntale a algún taxista sobre la mejor hora y forma de llegar.

No manejes de noche.

Visita sólo los lugares de la guía.

Puedes hacer esta ruta en automóvil, en taxis públicos o privados.

Esta ruta se puede combinar con **Las 4 rutas del Centro de México, Oaxaca, y Costa Oeste.**

14. GUADALAJARA

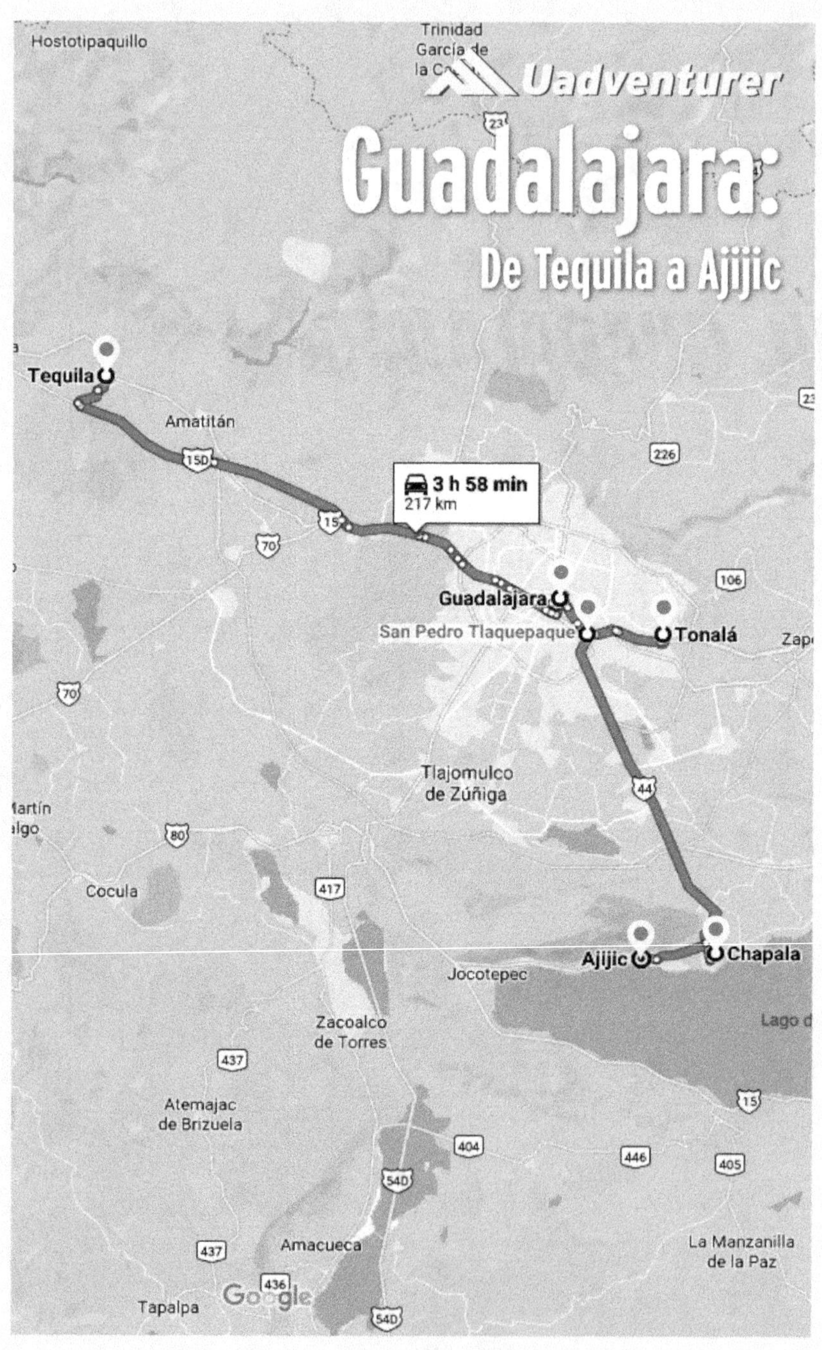
Uadventurer
Guadalajara:
De Tequila a Ajijic
Hostotipaquillo
Trinidad
García de
la C
Tequila
Amatitán
15D
15
70
70
3 h 58 min
217 km
226
106
Guadalajara
San Pedro Tlaquepaque
Tonalá
44
Tlajomulco
de Zúñiga
Martín
algo
80
Cocula
417
Ajijic
Chapala
Jocotepec
Lago d
Zacoalco
de Torres
437
15
Atemajac
de Brizuela
404
446
405
54D
437
Amacueca
La Manzanilla
de la Paz
436
Google
Tapalpa
54D

GUADALAJARA ES CONSIDERADA una de las ciudades más importantes y representativas de México por su historia, cultura y gastronomía. La mejor manera de recorrerla es a pie; aunque es grande, no será un problema si se comienza en el centro de la ciudad.

En Guadalajara, urbe en constante crecimiento, se conjunta la arquitectura del siglo XVII con la modernidad. Desde la Minerva hasta la Plaza de Armas, el Museo Cabañas y la famosa Plaza de los Mariachis, el recorrido a pie por la ciudad está lleno de sorpresas gastronómicas, que incluyen el platillo insignia: las tortas ahogadas.

Los pueblos de Tequila, Tlaquepaque y Tonalá son los destinos más acertados para pasar un fin de semana en los alrededores. Tequila, como su nombre lo indica, es el pueblo cuna de la bebida tradicional de México. No existe otro lugar capaz de fabricar tequila de calidad, como en este pueblo donde podrás catarlo e incluso crearlo, en algunas destilerías.

En Tlaquepaque te espera un recorrido por museos y casas de cultura que culmina con catas y fábricas de productos artesanales.

Tonalá es el destino artesanal por excelencia de Jalisco. De barro, yeso, papel maché y cerámica, artesanías de alta calidad alumbrarán tu camino.

Contempla las maravillas de la región desde el mirador del Cerro de la Reina y enamórate de la ruta de este destino, que puede durar de un fin de semana a dos semanas.

GUADALAJARA CENTRO

Como en la mayoría de las ciudades importantes del mundo, el centro es el lugar que conserva la esencia histórica y los orígenes de los pueblos antiguos, El comienzo de la ruta que decidas seguir debe partir de la Plaza de la Liberación, explanada que tiene a sus orillas la hermosa Catedral de Guadalajara, en el centro de la ciudad.

Mientras caminas hacia la glorieta de La Minerva, podrás contemplar la diversidad arquitectónica que caracteriza a Guadalajara; este punto es uno de los primeros lugares que debes visitar en la ciudad; su fuente representa la lucha y liberación del yugo, y está rodeada de hermosos agaves azules.

Cerca de La Minerva están los Arcos de Guadalajara, a punto de cumplir cien años, que celebran el comienzo de la ruta trazada que conecta a la Ciudad de México con Guadalajara. Su estilo neoclásico es único; podrás tomar buenas fotografías y disfrutar de un fresco tejuino, que puedes comprar en cualquier esquina; un raspado de tamarindo, limón, sal y masa fermentada de maíz.

La mejor manera de conocer la historia de la ciudad es visitar el Museo Regional de Guadalajara, localizado en un inmueble de 1742 que contiene piezas arqueológicas y paleontológicas, con una exposición permanente dedicada al estado de Jalisco, con pinturas y murales de hace tres siglos.

Para descansar, tomar un helado y contemplar la belleza de Guadalajara, aconsejo ir a la Plaza de Armas, donde visitantes y locales se reúnen, helado en mano, para disfrutar la tibia tarde de la bella ciudad. Cuando estés listo y el hambre lo indique, dirígete al Mercado Central y prueba las tortas ahogadas, con cuidado de elegir el nivel de picante indicado; un sabor inigualable de México.

Para disfrutar al máximo del más bello palacio de Guadalajara, el Teatro Degollado, y conocerlo por dentro, recomiendo revisar la guía de eventos en las fechas que estarás en la ciudad. Si tienes la oportunidad, entra al recinto a disfrutar de un espectáculo, para que descubras por ti mismo por qué está considerado uno de los mejores teatros del mundo.

En la colonia Las Fresas está uno de los museos más importantes de México: el Museo Cabañas, que durante cien años funcionó como orfanatorio y hoy alberga decenas de joyas de la cultura e historia mexicana, incluidos murales de José Clemente Orozco.

En el Parque Alcalde podrás disfrutar una bebida fresca antes de entrar al Acuario Michin, donde vivirás una grata experiencia, gracias a las extensas actividades interactivas y la diversidad de vida marina que posee.

Guadalajara es el mejor lugar para disfrutar la música de mariachi; canta, baila, ríe, come y bebe en la Plaza de los Mariachis, en el centro de la ciudad, en el antiguo Barrio de Juan de Dios. Diariamente, a las nueve de la noche, se enciende un ambiente lleno de vida y energía, que retrata la alegría del pueblo mexicano.

Por último, el barrio neogótico tiene una buena cantidad de estructuras y edificios únicos para los ojos, el Templo Expiatorio es la mejor opción para culminar el recorrido.

TEQUILA

Puedes llegar a Tequila en coche o en tren; recomiendo contratar un *tour* privado que te lleve a diversas destilerías para probar los productos de la región, sin preocuparte por manejar de regreso a Guadalajara.

Este pueblo es uno de los más populares de Jalisco, ya que es uno de los pocos sitios que pueden producir tequila auténtico. Llega temprano para que puedas pasear por el pueblo, conocer su historia y darte tiempo para comer con maridaje de tequila.

TLAQUEPAQUE

Conocido como el pueblo más pintoresco de Jalisco, Tlaquepaque está lleno de sorpresas y artesanías diferentes, que no verás en otro sitio. Múltiples jardines y galerías de arte iluminarán tu recorrido por el pueblo. Visita el Jardín Hidalgo y el Mercado Municipal, te recomiendo probar los tuétanos antes de visitar el recinto emblemático del pueblo, la Parroquia de San Pedro Tlaquepaque

TONALÁ

En el mismo día, debido a su cercanía, podrás visitar el pueblo de Tonalá; parecido a Tlaquepaque pero menos famoso, es menos visitado, lo que lo vuelve atractivo para quien gusta de la paz y la tranquilidad. Las artesanías son la especialidad del pueblo; visítalo un fin de semana, el domingo preferentemente, pues se pone un tianguis de enorme extensión que podrás recorrer en dos horas de búsqueda entre las artesanías más originales y representativas de la región.

LAGO DE CHAPALA Y AJIJIC

A sesenta kilómetros de la ciudad está el lago más grande de México, el Lago de Chapala, en cuya ribera está Ajijic. Debido a la corta distancia que lo separa de la ciudad, es uno de los destinos favoritos de los locales y los visitantes de Guadalajara. En este paraíso natural podrás disfrutar de la pesca, rodeado por una extensa gama de fauna y vegetación, en donde sobresale el avistamiento de aves, actividad ideal para descansar, inmerso en la naturaleza y confortado por gastronomía local.

A un costado del lago, el pueblo de Ajijic es uno de los lugares favoritos de los turistas, gracias a sus calles empedradas y sus casas de campo, en las que se detiene el tiempo. El principal atractivo es probar la comida del lugar, caracterizada por su base de maíz, que combina con los alimentos frescos del lago.

RECOMENDACIONES

La mejor forma de hacer esta ruta es hospedarse en Guadalajara y viajar a las cercanías.

La comida típica es irritante, cuida tu estómago.

En el viaje a Tequila y rutas de bebidas alcohólicas no manejes. Ve en taxi o con guías y *tours* autorizados.

Esta ruta se puede combinar con **Costa Oeste**.

15. COSTA OESTE

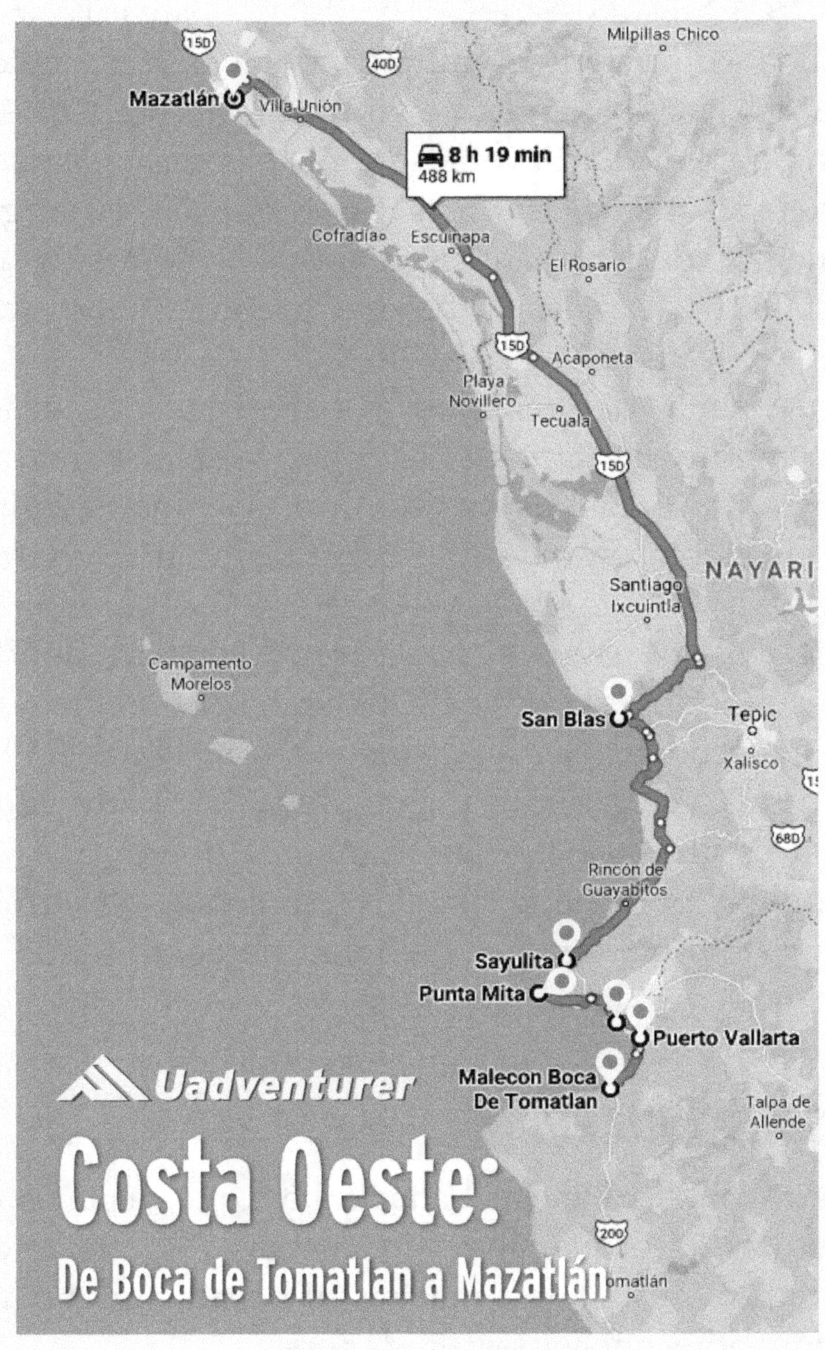

Milpillas Chico
Mazatlán
Villa Unión
8 h 19 min
488 km
Cofradía
Escuinapa
El Rosario
Acaponeta
Playa Novillero
Tecuala
NAYARI
Santiago Ixcuintla
Campamento Morelos
Tepic
San Blas
Xalisco
Rincón de Guayabitos
Sayulita
Punta Mita
Puerto Vallarta
Uadventurer
Malecon Boca De Tomatlan
Talpa de Allende
Costa Oeste:
De Boca de Tomatlan a Mazatlán

LOS ESTADOS DE JALISCO, Nayarit y Sinaloa comparten el último contacto continental con el Pacífico, antes de entrar al Mar de Cortés. En Puerto Vallarta verás la conexión entre los pueblos pesqueros; en Boca de Tomatlán, el surgimiento del romántico Puerto Vallarta, y el estallido de *glamour* en los grandes *resorts* de Nuevo Vallarta y Punta Mita.

Además del lujo, podrás conocer playas, islas, un cráter y las famosas Marietas, para luego entrar en contacto con las playas hippies, como Sayulita y el pueblo pesquero de San Blas, donde podrás vivir la vida de playa y el surf, pero en agua más fría. De ahí, sigue el trayecto a Mazatlán, donde dos mundos, el lujo y el Colonial, se combinan en el malecón, en Fiesta Lan y en la Zona Dorada.

En las cercanías, a pie de playa, hay petroglifos con espirales y figuras humanas, donde podrás caminar por pequeñas islas y arenales desiertos, en medio del agua de la Bahía de Santa María y las Islas de Altata.

PUERTO VALLARTA

Para conocer Puerto Vallarta hay que visitar sus tres zonas principales: el malecón y la zona romántica (al sur), y la marina (al norte); aunque recomiendo conocer los alrededores.

Empieza por el malecón; al llegar a las calles empedradas y las casas blancas de tejas rojas, sentirás que estás en el México Colonial. Mide doce cuadras y durante el paseo verás esculturas tradicionales y surrealistas, con el mar de fondo; al terminar, visita las galerías de arte y artesanía, y después cena en alguno de sus restaurantes.

Hay varias actividades al aire libre, la mayoría concentradas en los Arcos, los cuales fueron traídos de una hacienda de Guadalajara y sirven como telón para diversos espectáculos de mimos, música, danza y teatro.

Al estar en la calle podrás ver diferentes esculturas en el espacio público: delfines, sillas surrealistas, malabaristas en escaleras, caballos de mar con jinetes, olas de las que emerge Neptuno. No dejes de visitar el templo de Nuestra Señora de Guadalupe, que sobresale por su cúpula abierta, y luego visitar la Plaza de Armas.

El segundo lugar característico del puerto es la Zona Romántica; el mejor día para recorrerla es el sábado, cuando se instala un mercado local en el que se pueden adquirir, de forma fresca y regional, artesanías, comida y productos típicos.

Pasea por el Parque de los Azulejos, lugar en el que hay galerías de arte, y verás una exposición de diseño multicolor, al aire libre, desplegada sobre bancas y columnas.

Las playas más populares de la zona son Olas Altas y Playa de los Muertos, la cual reconocerás por su muelle artístico; esta zona destaca por ser una de las playas LGBT más conocidas de México; cuenta con una amplia variedad de bares, hoteles y restaurantes. Aquí, la vida nocturna se extiende hasta el amanecer.

La quinta zona que no es propiamente Puerto Vallarta, pero está muy cerca de la Zona Romántica, es la playa de Conchas Chinas, un destino más natural y romántico que el de Puerto Vallarta, pues con las rocas se forman pozas, o pilitas, en las que puedes estar en una especie de spa Natural.

Unos kilómetros hacia el sur encontrarás Mismaloya, origen del *boom* de Puerto Vallarta. La playa es atractiva y enfrente está el parque marino Los Arcos, un destino ideal para hacer esnórquel; podrás ver arrecifes de coral y peces coloridos, y si te decides a bucear, verás diversas escuelas de peces y parte del Cañón del Diablo, que tiene más de seiscientos metros de profundidad. Si te gusta el buceo, existe una docena de lugares que resultan idóneos para practicarlo; de diciembre a marzo hay ballenas jorobadas.

A veinte minutos de Puerto Vallarta está el puerto Boca de Tomatlán, de donde salen los *tours* a las playas del sur de Cabo Corrientes: Colomitos, Madagascar, Las Ánimas, Yelapa y Quimixto. Si quieres dejar las playas e internarte en la sierra para descubrir una infinidad de plantas y flores, puedes ir al Jardín Botánico.

La playa más cercana es Colomitos; es la más pequeña de México, mide apenas treinta metros de longitud; está a cinco minutos en lancha o a cuarenta a pie; no hay hotel ni restaurante. Después puedes ir a las Ánimas, donde hay un parque de tirolesas, ahí puedes comer y descansar al atardecer. Si quieres ir más lejos, ve a Quimixto, donde además de playa hay una cascada para explorar, excursión que se puede hacer a pie o a caballo. Después ve a Las Caletas, pequeña y solitaria playa con hamacas, donde puedes nadar, hacer esnórquel, *paddleboard* y recibir un masaje en lo alto de la montaña.

La última playa desde Boca de Tomatlán es Yelapa, pueblito de pescadores con algunos restaurantes, hoteles y un modesto club de playa. Apenas desciendas de la barca y camines por el pequeño malecón que rodea la costa, te sentirás tranquilo y relajado.

Después de Tomatlán, rumbo a Barra de Navidad, llegarás al Jardín Botánico de Puerto Vallarta, uno de los más bellos de Norteamérica, que posee una colección de más de trescientas orquídeas, así como un conservatorio de vainilla, chocolate y café, huertos de frutas silvestres, estanques de plantas acuáticas y jardines de cactus. A lo largo del recorrido podrás sentarte en diversas bancas, para sentirte abrazado por la naturaleza.

La tercera zona importante de Puerto Vallarta es Marina Vallarta; está al norte del malecón, donde están los grandes *resorts*, en los que el tiempo y la geografía desaparecen y sólo existe playa y descanso. La mayoría de los hoteles dan a Playa del Oro, además de la Marina y el Club de Golf.

Del otro lado de la Marina está el estero El Salado; lo primero que hay que distinguir es que es un estero en medio de la ciudad; los locales presumen que es el único estero urbano en Latinoamérica. Podrás recorrer sus manglares y marismas en una lancha, al tiempo que observas cocodrilos, aves y diversos tipos de cangrejos.

Junto a Marina Vallarta está la playa Boca de Tomates, justo en la frontera entre los estados de Jalisco y Nayarit; idónea si te quieres alejar del turismo de *resort*, del bullicio del malecón y la zona turística.

NUEVO VALLARTA

Nuevo Vallarta está al lado de Puerto Vallarta, pero forma parte de Nayarit, el estado vecino;

combina de forma perfecta con Marina Vallarta, pues continúa la línea de hoteles, residencias y *resorts* de primer nivel. Cuenta con varios campos de golf, El Tigre, el Campo de Golf Greg Norman y el Jack Nicklaus, cada uno diseñados por el golfista que le da nombre.

Nuevo Vallarta cuenta con dos muelles, con espacio para quinientas embarcaciones. La navegación recreativa, la pesca deportiva y el velero son las principales actividades acuáticas de la región.

En este nuevo estilo de vacación playera, el goce se experimenta en el interior de los grandes *resorts*, que asumen el corazón de Nuevo Vallarta, dentro de los cuales podrás aprovechar sus restaurantes, spas, albercas y sinfín de actividades.

PUNTA MITA

Punta Mita conserva e impulsa el estilo definido de Nuevo Vallarta, ya que la oferta de *resorts* y hoteles continúa, y hay otros dos campos de golf: el Punta Mita Pacífico y el Punta Mita Bahía.

Al igual que en Nuevo Vallarta, grandes cadenas de hoteles internacionales colocaron exclusivos *resorts*, en Punta Mita, llenos de albercas, restaurantes y spas. El destino es famoso por su diversidad de playas para el surf; el Anclote, The

Cave And Faro y Punta Burros son las más visitadas por la comunidad amante de las olas.

En el camino rumbo a las Islas Marietas es probable que veas delfines, mantarrayas y tortugas golfinas. Cuando nades hacia la Playa del Amor estarás, por un breve instante, en la sombra del arco de Playa Escondida y sentirás que entras a una cueva… unas millas adelante, volverás a ver el cielo desde el cráter de Playa Escondida.

Durante la temporada de ballenas (de diciembre a marzo) verás a los gigantes marinos nadar junto a sus ballenatos. En la zona podrás bucear y esnorkelear en arrecifes de coral, repletos de esponjas, anémonas y diversos erizos; además, es posible rentar un kayak y remar por el archipiélago de las Islas Marietas, en Playa del Muerto y La Nopalera, playas representativas del parque nacional, a las cuales podrás llegar en las embarcaciones que parten de Puerto Vallarta, Punta Mita y la Cruz de Huanacaxtle.

SAYULITA

Sayulita es una playa altamente recomendable para aprender a hacer surf. La primera razón está en la suavidad de su oleaje; aunque es tranquilo, también es lo suficientemente fuerte como para permitir la creación de olas pequeñas; la segunda es que tiene una buena cantidad de maestros de surf, en una playa muy activa.

Las mañanas y tardes están dedicadas a esta actividad; las lecciones básicas se dan en las playas del sur, y las avanzadas en las del norte, donde el oleaje es más alto. Así, puedes ir de menos a más. Si sólo quieres nadar, puedes llegar a Playa los Muertos atravesando el cementerio.

El pequeño pueblo está lleno de tiendas de artesanías, en las que sobresalen las creaciones en chaquira de artesanía huichol. Después de contemplarlas y beber una cerveza, puedes comer en alguno de sus restaurantes.

SAN BLAS

El último pueblo de la costa nayarita es San Blas, donde el tiempo pasa lentamente, tanto por su característico y relajante color, como por la belleza y riqueza del mar que prodiga tranquilidad a los poblados pesqueros. La infraestructura turística es rústica, el centro es una pequeña plaza, con puestos de comida y artesanías.

Los principales atractivos son la pesca, el surf y el Parque Nacional la Tovara. Sus aguas entremezclan el agua dulce de manantial con el salado mar, lo que atrae a una amplia variedad de aves, peces y cocodrilos; en el Cocodrilario Kiekari, podrás aprender sobre estos reptiles.

Para conocer este maravilloso lugar y adentrarte en los manglares y canales del estero, debes ir al embarcadero La Aguada; puedes hacer un recorrido de tres horas. Si tu tiempo es restringido, y sólo tienes una o dos horas, visita al embarcadero El Conchal y practica kayak en la laguna y los canales. Si te gusta pescar, rema mar adentro, en busca de los peces vela, dorado, marlín, atún o sierra.

La tercera actividad por la que San Blas es reconocido es el surf. Las principales playas para remontar olas son Playa el Borrego, donde puedes tomar clases de surf; Santa Cruz de Miramar, donde hay fuertes olas, tipo campana, y el Stoner Point Break, en playa Las Islitas, donde en verano se dan cita surfers de muchas partes del mundo.

MAZATLÁN

El puerto de Mazatlán puede dividirse en tres secciones: la primera es el viejo Mazatlán, donde la tradición está presente en las coloridas casas y los restaurantes típicos que se extienden por la costera (de veintiún kilómetros de longitud) donde están las playas de la ciudad; la segunda es la Zona Dorada y la tercera la Zona Hotelera.

El recorrido por este bello puerto puede comenzar en el centro. Durante el día, verás un pueblo colonial que presume su pasado y ofrece su gastronomía, alegría y diversión, en bares y restaurantes, locales que le dan vida día y noche; ahí puedes rentar una especie de Jeep sin ventanas, llamado Pulmonía, el transporte distintivo de Mazatlán para moverse por la costera.

Para continuar, acude a la playa Olas Altas y refréscate en el mar; si vas entre semana, y quieres una experiencia más inmersiva, toma una lancha rumbo a Isla de Piedra, para disfrutar de una tranquila playa. Recuerda que en los fines de semana y temporada de vacaciones, la ocupación es alta.

Si quieres convertir el mero cruce en un paseo, renta un catamarán para recorrer la costa, pasando por el muelle turístico, un santuario de aves y una colonia de lobos marinos, después de una hora y media, llegarás a Isla de Piedra.

En la isla podrás descansar en una palapa, comer, tomar sol y contemplar el mar, rentar un ATV o un caballo para dar la vuelta a la isla, recorrer un plantío de cocos en carreta, remar en kayak junto a la isla y nadar. Puedes quedarte unas horas o todo el día, toma la decisión de acuerdo a tu resistencia al sol.

Al norte de la ciudad está la Zona Dorada, donde están los grandes hoteles y playas principales; las que ofrecen los mejores servicios son Las Gaviotas y Playa Sábalo, donde la playa es *resort*.

Si vas hacia el norte, encontrarás la marina de Mazatlán, desde donde salen yates y embarcaciones de pesca. Mazatlán es reconocida por la pesca deportiva y, dependiendo de la época del año, es un buen punto para pescar marlín, dorado y pez vela.

Al final de la Zona Dorada están Playa Cerritos y playa La Bruja, donde termina la ciudad. Ahí las olas son más altas y mejores para practicar surf. Frente a la costa, hay tres islas: Isla Pájaros, Isla de Lobos e Isla Venados, la última es la única que puedes visitar para hacer esnórquel, kayak y *paddleboard*. Si quieres descubrir más islas, hay un *tour* en lancha rápida que recorre diez de ellas.

Otra forma de disfrutar Mazatlán es hacerlo desde el aire. Casi a la salida de Mazatlán, en la Hacienda Los Osuna, podrás descender nueve veces por sus tirolesas y al terminar hacer ATV o caminar por su viñedo.

Al atardecer puedes regresar al hotel, bañarte y prepararte para la noche, o volver al centro y visitar la majestuosa catedral Basílica de Mazatlán; en su interior el calor desaparece y su barroco decorado te hará entrar en calma. Después ve al Teatro Ángela Peralta, construcción con más de ciento cincuenta años de antigüedad, donde se puede sentir el tiempo sentado en las butacas. Si hay algún evento, vale la pena entrar para verlo por dentro y vivir la experiencia del teatro.

Cuando comience a anochecer puedes rentar una "Pulmonía" y dar un paseo por su largo malecón de veintiún kilómetros de largo. Si te gusta correr, puedes hacer un medio maratón costero; no es necesario recorrerlo por completo, pero realmente vale la pena caminar viendo como el sol se oculta tras el mar y observar a los clavadistas tirarse de más de catorce metros de altura, justo en el momento en que entra la marea.

Otro buen lugar para ver el atardecer es el faro, el segundo más alto del mundo, de ciento treinta y cinco metros de altura. Desde ahí puedes admirar la costera y más allá; puedes llegar a pie, te tomará aproximadamente una hora desde el centro, pero si no quieres caminar renta una Pulmonía o toma un taxi. Está abierto hasta las cinco cuarenta y cinco.

Por la noche recomiendo regresar al centro e ir a Plaza Machado, donde sentirás la atmósfera de fiesta de los bares y restaurantes, con mesas en la plaza, a la luz de la noche medio iluminada, que te invitarán a pasar una buena velada.

Si te quedan ganas de seguir celebrando, Mazatlán es famoso por sus noches de farra épicas; de hecho, tiene un castillo para dichos placeres, se trata de Fiesta Land, donde la fiesta dura hasta el amanecer.

Las Labradas

Hay pocos lugares donde la playa se combina con la arqueología como en Las Labradas. En esta playa verás rocas talladas con círculos concéntricos, espirales, cruces, formas humanas y de plantas; más que un sitio arqueológico, parece un lugar artístico. Son más de seiscientos grabados, mientras caminas por las rocas los verás aparecer a un lado, abajo, atrás y frente a ti. Las últimas investigaciones dicen que datan del año 3000 antes de Cristo, aunque parece que las hubieran hecho recientemente.

ISLAS DE LA BAHÍA DE SANTA MARÍA

Para llegar a las islas de la Bahía de Santa María debes ir al embarcadero La Reforma, y tomar la lancha que realiza el recorrido entre Isla Santa María e Isla Altamura. A lo largo del trayecto, verás una variedad de cúmulos de arena con palmeras, como las islas desiertas de las caricaturas.

La zona está llena de aves, hay una isla de patos bobos con patas azules; al acercarte los reconocerás por el color de sus patas y su inmovilidad. Podrás observar golondrinas, patos canadienses, gaviotas, gallitos de mar y tijeretas.

La lancha hace una parada en isla Altamura, donde hay grandes dunas para caminar, jugar o hacer *sandboarding*. Si quieres, aprovecha para pescar lo que después podrás cocinar.

RECOMENDACIONES

La mejor forma de hacer esta ruta es quedarse varios días en cada lugar.

La fiesta en Mazatlán es fuerte, ten cuidado con la gente que conozcas.

Intenta no caminar solo ni de noche, más allá del viejo Mazatlán.

Vallarta es un destino afecto al turismo LGBT, principalmente en la Zona Romántica.

Esta ruta se puede combinar con la costa guerrerense.

Puedes tomar un ferry y hacer la ruta **Baja California Norte y Sur** o **Baja California Sur.**

www.ingramcontent.com/pod-product-compliance
Lightning Source LLC
Chambersburg PA
CBHW061504120726
48001CB00004B/1211